WHERE ARE
WE HEADING?

The

EVOLUTION

OF

Humans

and

THINGS

Ian Hodder

纠缠小史 人与物的演化

Ian Hodder

〔英〕伊恩·霍德

著

陈国鹏 译

文汇出版社

新经典文化股份有限公司
www.readinglife.com
出　品

献给林恩

目 录

序言

如果你真想从零开始制作一块苹果派，

你得先创造宇宙。

——卡尔·萨根（天文学家、作家，1934–1996）《宇宙》

本书讨论的问题困扰着无数考古学家、人类学家、社会理论家、哲学家和演化生物学家。这个问题就是：人类演化有方向吗？如果有，原因为何？围绕这些问题的争论从 19 世纪一直延续到 20 世纪中叶，不过现今的共识是生物演化的发展没有方向。这一点同样适用于人类文化的发展：人类、文化、社会都会转变或演进，但整体上并无方向。支持这一看法的理由之一是，如果演化有方向，那么有人就会认为某些社会或文化较之其他社会或文化更高级。这种观念遭人拒斥，所以在很长时间内，人们在解释文化变化时拒绝演化论而采用传播论。

不过现在，我们亟须重新思考社会文化演进没有方向的设想。考古证据表明，在整体演化过程中，人类愈发依赖物，越来越与物纠缠在一起，制造出越来越多的东西。我们生活的诸多方面也因此产生巨变。然而由于我们太依赖数量如此庞大的物，人类赖以生存的世界饱受摧残。许多全球性的问题因此产生，例如或许不可逆转的气候变化。我们为什么正朝着这个方向去？这必须有所解释。

首先必须声明，本书并不涉及围绕智能设计论①的争论，也不涉及看不见的手或某种神圣的天命。本书只寻求确凿的证据，用人与物之间切切实实的交互，来解释这种长期变化。

我的观点可以算演化论式的。这意味着什么呢？两个世纪以来，科学界主要有两种演化理论。19世纪的社会演化论者认为，社会朝着更先进的城市化、工业化方向发展。这种说法在20世纪中叶重现，不过换了种表达：社会朝着复杂化的方向发展。这种演化的观点不仅是有方向的，同时也是目

---

① 智能设计论是一种伪科学命题，认为演化并不存在，某种超自然的智能设计了宇宙和生命的诸多特征。——本书脚注均为译者注

的论的，因为它假定社会的发展有某个终点或目标。可问题在于，这种结果（先进的复杂化的目标）同样也是导致变化产生的原因：人类变得越来越复杂是因为他们想变得复杂；人类社会变得愈发复杂是因为复杂系统的本质就是逐渐复杂化。这种说法并没有多大解释力。

另一种演化理论受到达尔文的启发，并在近几十年来成为解释长期社会文化演变的主要理论。这种演化理论有时会与复杂化理论结合起来，认为自然会选择更复杂的社会系统，因为它们可以更好地适应环境。[1]达尔文式的方法往往回避演化方向的转变，而变化则会通过变异、自然选择、传播发生。没有理由认为社会应当朝着一个总体方向发展，社会只需适应多变的环境即可。

社会演化理论的问题在于它是目的论的；达尔文主义的演化论则没有解释演化总体方向的变迁，而这种变迁已得到考古学证据的支持。本书主张探索第三条路径：既可以解释演化方向的转变，又能避免 19 世纪目的论的危险。可以把这种路径称作"演化论式的"，但我一般避免使用这一名称，这个说法与生物演化太过接近。虽然本书将生物演化纳入了纠缠理论之中，但我并无意于将纠缠理论还原成生物演化或这种演化的比喻。

很多考古学家和人类学家不喜欢"演化"一词被用在自己的领域中,一方面因为这个词暗示着向更高层次社会进化,另一方面也因为一些演化论的观点本质上是某种金科玉律似的还原论。我们大可使用其他词语,比如"发展",但使用这些词也有问题。我在书中使用"演化"一词的主要原因是想强调这个词拉丁语词源中"展开"的含义。[①] 早在达尔文以前,这个词就用来表示事件的展现。我认为人类演化具有方向性,而我使用"演化"是想利用其展开的含义,也想表达逐渐变化的意思,但并不指进步或必然的发展。拉丁语词源中"展现"的意味可以用来展示发展演变所依赖的复杂情景。在本书中,我试图重新定义演化,将其描述为有方向的(路径依赖的)但同时又是复杂的、视情景而定的(非还原的)过程。

我试图在生物演化与社会演化之间寻得一条关注"物"的第三种路径。延承当代认知演化、物质性和考古方面的研究,我认为人之存在完全依赖人造物。自人类制造出第一件工具起,我们就不断通过改造物来解决问题。[2] 这种对物的依赖塑造了我们的"人性",但也同时让我们陷入更深的依赖中。物并不稳定,它们会以自己的方式让人类维护它们。

---

① 演化(evolution)一词源自拉丁语 ēvolūtiō,意思是展开、展现。

比如，人类驯化了小麦，并逐渐依赖小麦生存至今。但经过驯化的小麦并不能自我繁衍，因此我们对小麦的依赖使我们陷入更繁杂的劳作中：耕地、播种、除草、收获、加工。我们逐渐陷入一种双重束缚：我们依赖物，同时物又依赖我们，因此我们必须不断劳作，开发新的技术。

为了满足小麦的需求，人类不断发明新技术，创造出更多东西。这些东西彼此联系并产生新的需求。如今，这些彼此联系的东西造成了大范围的问题，例如全球变暖、环境恶化，而用一成不变的技术手段难于应付，于是我们艰难地寻找并实施应对这些问题的方法。

我在本书中使用的例子包括火的发明、小麦收割技术、轮子、棉花、鸦片，也包括堤坝和圣诞树灯。这些纷繁复杂的物能让我探讨人与物纠缠关系的各个方面，同时也能关注其中的共通之处。所有这些事物都改变了我们的生活方式，改变了我们对人之所以为人这一问题的认识，但同时，它们也让我们陷入更深的纠缠之中，促使我们不断创新。

虽然我用的例子涉猎颇广，但毋庸讳言，我使用了考古学方法，这意味着我将以长程眼光考量日常生活中的物质实践。本书将首先介绍漫长历史中的长期变化（这些变化可以通过考古学证实，而难以被关注人类劳动产品的其他学科察觉），最后以对当下人类面临的问题的考古学见解作结。只有考古学能为我们提供如此广阔的视野，帮助我们理解人何以为人以及我们将去往何处。

越来越多人开始质疑 GDP 增长是否是当代资本主义的必备条件。经济学家指出经济生产、物质消费与碳排放之间的密切关联，有些经济学家还认为经济增长是新近现象，并且完全不自然。当然，新消费主义和道德购物运动的目标之一就是倡导轻量消费，更谨慎地处理我们与物的关系。①一些经济学家开始推崇一种不追求经济增长的资本主义，他们认为当代社会对经济增长的沉迷是为了降低失业率、提高收入。同时他们也发现，即使面临环境恶化，人们也不能容忍经济低增长或零增长；有时环境承载力已经达到上限，人们还是会不断提高经济水平。这会造成越发严重的后果，包括社会增长停滞、易用资源枯竭、效率增长触顶（例如作物产量）。³

这些讨论虽然很重要，却有短视之嫌。它们只关注短期效应和晚近历史，因而无法从根本上撼动我们对经济增长的

_____

① 新消费主义主张在消费前根据商品的价值重新评估购买的优先性；道德购物又称良心消费，指购买符合道德良知的商品，比如抵制珍稀野生动物制品买卖或倡导购买绿色食品。

痴迷，无法从根源上彻底解决由此导致的环境问题。在本书中，我将以考古学的眼光考察长时段的历史。通过这种视角我们可以发现，人类从百万年以前就已经开始逐渐加深与物的纠缠。虽然其间增增减减、断断续续，但长远来看，物的累积呈现指数级增长。发展不是什么新鲜事，其历史相当久远。因此，发展的原因似乎远比近世的历史学家、经济学家所认为的深刻复杂得多。本书将论证，物质增长之所以作为人类经验的一部分，并非由于人类本能地渴望拥有更多东西，而是我们与世界纠缠在一起的特定方式所致。本书并不提出化解当下发展与环境间的矛盾困境的方法，而是论证"考古学"的长程眼界为观察这一僵局提供了别样而重要的视角。

致谢

我想感谢所有评论本书初稿的人，包括两位匿名评审人。尤其要感谢比尔·弗鲁赫特仔细地梳理审阅了我的作品，也要感谢苏珊·阿雷拉诺、保罗·沃森和约翰·邓普顿基金。林赛·德尔、斯各特·哈多和凯蒂·基拉基协助了编辑、排版、申请许可、制图。我要感谢伊恩·莫里斯允许我使用图1.1和1.2；感谢布莱特·周与我讨论纠缠中的生物因素，这才有了图3.1；感谢傅稻镰允许我使用图4.3并与我讨论植物驯化的问题。本书在多地写就，在法国人文科学之家期间，我要感谢阿兰·施纳普和让－吕克·洛里在巴黎对我的帮助；在罗马的美国科学院做人文学院的访问学者期间，我要感谢金伯利·鲍斯的热情帮助；在牛津大学基布尔学院，我要感谢克里斯·戈斯登和兰布罗斯·马拉弗里斯。我最要感谢的是林恩·梅斯克尔，她的评论以及多年以来与我的讨论和对话是本书的基础，在她的智慧、机敏、鼓舞和陪伴下才有了这本书的诞生，我怀着强烈的钦慕将本书献给她，感谢她的爱和支持，感谢她陪伴我的美好岁月。

第一章　问题的提出

人类的发展有整体方向，这一点似乎显而易见。我们大多会同意人类这个物种比以前进步了，虽然进步的标志有所不同：有人认为是保健和医学的发展，有人认为是建筑和工程的成绩，也有人认为是艺术成就，或是通讯、传媒、交通、知识、制度、政府、官僚系统、民主等方面的进步。在一系列作品中，伊恩·莫里斯用各种方法来记录更新世①以来欧洲与亚洲的社会发展（图 1.1 和 1.2 中展示了其中一些例子）。[1] 当然，在长时间内衡量社会发展十分困难，也容易遭人诟病。很多社会科学家批评同行的此类研究，认为他们罔顾艺术、文化、道德意图的差异，将千姿百态的人类生活

----

① 更新世，地质年代名，指距今约 2 588 000 年前至 11 700 年前这段时期，显著特征为气候变冷、冰期与间冰期交替。智人在这一时期逐渐兴起。

方式简化为一堆数字。

　　尽管莫里斯承认这些反对意见有合理之处，但还是提出了四种衡量社会发展水平的途径。第一种是获取资源的能力：即一个社会为了达成某个目的可从自然中获取的总能量。我会在第二章中详述这一标准，不过在这里我需要指出测算

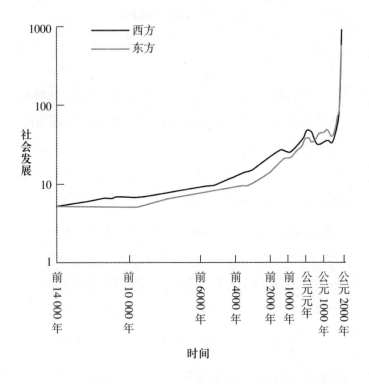

图 1.1　东西方社会整体发展水平。图片来源：伊恩·莫里斯（授权使用）

早期史前社会的能量获取能力十分困难。莫里斯使用了各种考古学及其他学科的资料来估算每人每天进食或开展其他活动所需的热量。第二种衡量标准是组织复杂程度，这里指一个社会接近城镇化的程度。一个社会最大城市的规模可以标示能量如何组织分配以支撑高密度的人口。第三和第四种衡量标准是信息技术与发动战争的能力。

图 1.1 展示了过去 16 000 年内这些测量值在东西方最发达的核心地区是怎样增长的（包括西欧、北美和中国、日本）。虽然图中增减的细节可能有些出入，但整体趋势一目了然。纵轴上的图像呈对数式，因此实际增长比图中看上去要更加明显，也就是说，社会发展程度以指数级速度增长。

可问题是为什么只聚焦西方、东方两个区域呢？近年来，莫里斯又绘制了公元前 11 000 年至公元元年间五大农业密集区的能量获取能力增长图（图 1.2）。[2] 他使用了住房大小、人口密度、主要城市人口等变量指示能量获取能力。这张图隐藏了很多区域内部的差异，有证据表明区域内存在局部的繁荣，不过不同地区繁荣的时间不同。[3] 莫里斯关注这些繁荣的地区，并认为随着时间的推移，这些地区的能量获取力整体上有明显增长的趋势。

可那些没有在莫里斯图表中显示出来的众多地区呢？有

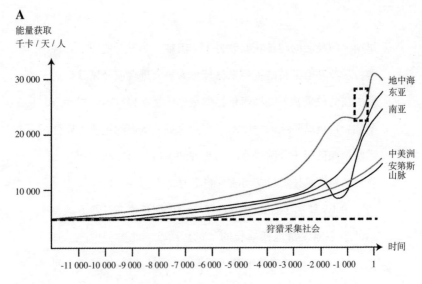

A

能量获取
千卡/天/人

地中海
东亚
南亚
中美洲
安第斯
山脉

狩猎采集社会

时间

-11 000 -10 000 -9 000 -8 000 -7 000 -6 000 -5 000 -4 000 -3 000 -2 000 -1 000 1

B

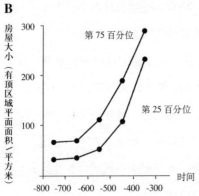

房屋大小（有顶区域平面面积／平方米）

第 75 百分位

第 25 百分位

时间

-800   -700   -600   -500   -400   -300

图 1.2 新石器时代革命之后能量获取力的演化。（A）公元前 11 000 年至公元元年间五处农业最密集区域的能量获取力演化。虚线表示狩猎采集群体的能量获取能力水平。虚线方框表示图 B 所示时期内能量获取力的演化。（B）希腊房屋大小（衡量能量获取力的指标之一）。

图片来源：伊恩·莫里斯（授权使用）

些地区可能很难发现明显的整体发展趋势，比如未被殖民的澳大利亚。不过，最近关于澳大利亚史前史的研究综述表明，该大陆自 74 000 年前有人类居住以来一直在不断改变。[4] 距今 18 000 年以来，随着人口增长、村落发展以及频繁的贸易，很多变化应运而生，包括新技术的发明（如回旋镖）、更多更高效的石器、新型人口迁移方式、新艺术形式以及越来越强的领地意识。长期来看，即使是那些在某些衡量标准看来最不发达的地区，其能量获取能力和组织复杂程度也有所提高，尽管速度不尽相同。

这种整体上升趋势的背后是所有社会的平等还是某些社会牺牲了其他社会以满足自身的高速增长？目前的证据似乎更支持后者：当今世界的能量获取能力差异十分明显。据世界银行估算，2011 年美国年人均能量消耗量相当于 7032 千克石油的能量产出，而同年孟加拉国年人均消耗量仅相当于 205 千克。统计数据库 NationMaster 网站估计 2006 年冰岛年人均电力消耗为 31 147 千瓦时，而乍得仅为 9.41 千瓦时，加沙地带仅为 0.167 千瓦时。因此，即使有些地区增速在零点附近徘徊，其他地区的增速却依旧惊人。虽然莫里斯使用的平均值可以展现一定区间内的发展水平，但曲线图背后却隐藏着巨大的不平衡。

即便我们只想通过这些图表了解大致的趋势，这些测量指标仍存在着各种各样的问题。比如，组织复杂程度有很多种形态，澳大利亚原住民社会的语言和亲属制度尤为复杂，而纽约地铁系统则复杂到容易让人迷路。常有人说越复杂的社会越擅长划分各种层级组织，但这很大程度上取决于我们想研究哪一方面的组织。

本书试图关注人类使用的无机物和有机物数量的基本变化。人类改造物质，我们使用石头、木头、黏土与金属制造工具，我们驯化生物、燃煤生火、制造机器。历史上各个时期人造物的数量都在增加。

距今至少 7 万年前，解剖学意义上的现代人（人类演化史上那些和我们长相相似的人）生活在十来人到三十人左右组成的小型流动群体中，群体内的人数时不时会增加。有时他们还会创作美妙的壁画，制造精巧的工具。他们能取得这样的成就并保持不断流动的部分原因在于他们只携带很少的东西。他们穿的衣服是用动物筋腱或植物线绳缝制的皮毛；他们有篮子和皮囊，后来还有针一类的骨器；他们有木矛和木弓，还会敲锤燧石、黑曜岩这样的石料制作工具和武器；他们住在洞穴口或是用植物和野生动物骨骼搭建的棚屋里。他们拥有的东西少得可怜，你可以把 3 万年前一个人的全部家当放在一张小小的桌子上。另外，如果这些东西丢了、破了、坏了，也很容易更换，因为制作这些东西的原材料都是常见的有机物，很容易重造。

约 1 万年前，人类生活中物品的数量激增。如科林·伦福儒所言："人类文化变得更加实体化、物质化。"[5] 不断流动的群体只能积累一点物质，但当他们在一个地方定居下来，就可能积累更多东西。或者应该反过来：不断增长的物品数量迫使人类定居，开始发展农业。大量新物品成为生活中不可或缺的部分。在公元前 12 000 年至公元前 7000 年的中东，人们将泥砖晒干，建成房屋，居住区与储藏区独立开来，还有墓地和祭祀区。[6] 到公元前 8500 年，有些房屋有两层，还有黏土、芦苇和木材制作的坚固屋顶。屋中储存着谷物，这些谷物已经被驯化，它们的某些性状也因人为干预发生改变。同样，羊、猪、牛等动物也受到驯化。这些动物为人类提供大量的肉，这些肉成为私人财产，或是被晒干、储存、用于飨宴。到公元前 12 000 年，磨制石器普及开来，人们制作石磨棒、石杵、磨石；更致密的石料则被打磨成石斧，用以砍伐树木，制作栋梁或棺材。耐火土制成的陶器为定居群体提供存储、烹饪、饮食的容器，耐火土还被制成支座、雕塑和印章。纺轮这类纺织工具也被发明出来，说明当时已有各种羊毛和亚麻织物，不过这些衣物难以保存下来。还有种类越发繁多的工具（包括勺子和叉子）、服装配件、动物骨骼制成的装饰品，以及骨头、贝壳和石头制成的串珠和项链。人们开始制作更多种类的木质容器，包括杯碗，同时也开始使用各式各样的篮子。从这一时期开始，我们几乎不可能把一户人家的所有家什摆在一张小桌子上了。

在欧洲，人造物数量的另一个高峰是罗马帝国时期（也正是在这个时期真正出现了桌子！），但数量增长最显著的时期还是工业革命。这种增长扩散到了全球很多地方，不过并不是所有地区。我们很多人只能将我们所有东西中的一小部分放在起居室里的一张小桌上，它们只是所有被动员用于制造并维持房屋、城市、国家和全球通讯所依赖的消费品的物质资源中的一小部分。如今，世界上最大的单体机器是强子对撞机，这是一块周长27公里的环形超导磁铁，用来研究亚原子粒子。建造这台机器需要来自一百多个国家数百所大学和实验室超过一万名科学家与工程师的共同努力。其信息网络连接着36个国家的170个计算中心。每年运行这台机器所需的电能要花费2340万美元——这是巨大规模的"能量获取"。至此，相较于当初制造第一批石器的那些人，我们的进展可谓之巨大。

另一种探索增长趋势的方法是比较早期人造物和今天的人造物。这只能为我们提供关于物质文化数量的十分粗糙的认识，但这种对比却很有启发性。以最初割草用的镰刀为例，早在公元前 12 000 年新石器时代早期的纳吐夫文化 [①] 就已经有了镰刀。[7] 这些镰刀用普通的燧石（有时也会用黑曜石）制成，配有木头、鹿角或牛角制成的刀柄，并以沥青黏合（图 1.3）。燧石可以在本地找到，而黑曜石则要到很远的地方才能获得。前田修认为镰刀最早用于收割芦苇、莎草等材料。[8] 后来，到公元前 9 千纪，中东地区的镰刀开始用于收割农作物。这些镰刀很容易维修、更换，甚至没有它们也未尝不可，毕竟人们可以直接将作物连根拔起或是打谷入篮。随着时间推移，人们开始依赖更加高效的工具。欧洲青铜时代和铁器时代诞生了铁制镰刀，青铜时代晚期又有了长柄大镰刀。到罗马帝国时代出现了马拉收割机，1799 年英国诞生了世界上第一个收割机器专利。[9] 现代农业愈发依赖大型联合收割机，称其为联合收割机是因为一台机器能综合收割、打谷、筛选多种功能。这样下来就可以节省大量劳动力，但这些机器常常要花费 40 万美元。机器有超过 17 万个

---

① 纳吐夫文化是旧 – 新石器过渡期地中海东岸黎凡特地区的考古学文化，是一种定居 – 半定居社会，有比较发达的建筑和农业。

零部件，它们来自世界各地，并由像约翰迪尔这样的公司通过世界零部件分销网络贩卖给消费者（图1.3），这些公司会处理各种机器所需的超过80万个零件。

或者以纺织工具为例（图1.4）：产毛的驯化绵羊最早出现在新石器时代晚期的中东，最初的纺轮则大约出现在公元前7500年至公元前7000年。[10]这些无害的小巧纺轮可以纺毛为线，并且很容易用石头或陶土制作，而配套使用的木棒和羊毛都产自当地，也很容易更换。我们可以从中世纪纺轮

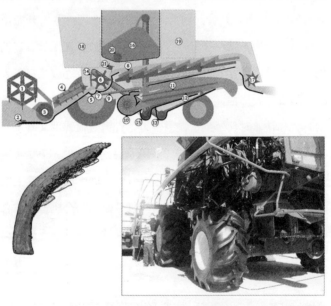

图1.3 新石器时代石镰和现代联合收割机。图片来源：维基共享资源

到各种用于纺织羊毛、亚麻和棉花的机器中看看纺织技术的发展历程。以棉纺织为例，世界上最早的多轴纺织机是诞生于 18 世纪中叶英国的珍妮机；最早的水力纺织机出自 18 世纪 80 年代的曼彻斯特，这些机器运用水流的力量带动水轮，从而带动织机。当今世界纺织工厂所使用的织机都直接受益于这些发明。如今制作、生产、售卖棉质 T 恤是一项巨大的全球性产业，这一方面满足了数以百万计的就业需求，将世界联系在一起，但同时也造成了严重的环境危害。

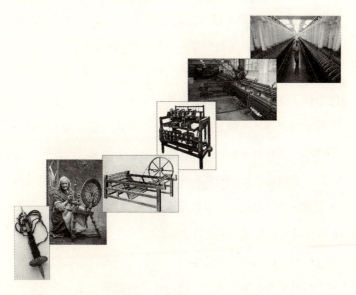

图 1.4　纺织技术的发展历程：从新石器时代的纺轮到纺织机、珍妮机、水力纺织机、水轮再到现代工厂。图片来源：盖蒂图像

另一个经典的例子是轮子的发明（图 1.5）。虽然教科书上一般会说轮子在公元前 4 千纪发明于欧洲和亚洲，但实际上我们很难准确定位它的起源地和起源时间。旋转轮轴和车轮的想法有很多来源，包括上面提到的诞生于公元前 8 千纪的纺轮。甚至在更早的旧石器时代晚期，人们就已经会用弓钻在串珠上钻孔了；或者更早，人们使用转轴技术钻木取火。制陶用的轮盘和运输用的车轮差不多同时出现，但很难说两者之间有什么联系。不过有一点很清楚，自从轮子以各种形式出现后，人类就不断开发轮子的各种用途：运输、武器、提供动力、钟表、工具与车床、纺轮和织机、乐器等成百上千种应用。我们无法想象当代世界缺了轮子会是什么样。举例来说，我们已经完全离不开汽车了，各地也由此能与全球贸易紧密相连，同时也需要处理大量温室气体排放引起的环境问题。我在图 1.5 中试图总结长期以来全球范围内轮子用途的拓展过程。如同收割和纺织技术一样，早期很多简易的东西都逐渐变得复杂并且数量激增，同时将人类卷入与他人及全球环境更加复杂的关联之中。

我们很难画出所有衍生物，它们之间的联系实在太过芜杂。但对于考古学家而言，我们可以简要画出某一个遗址内

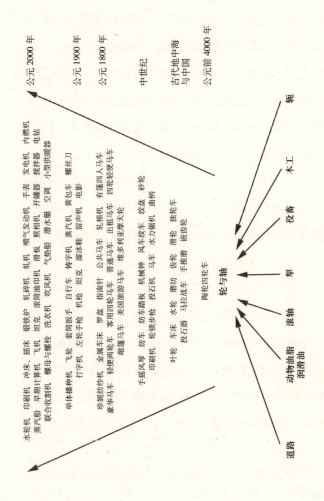

图 1.5 欧亚地区公元前 4 千纪轮轴使用的社会背景以及轮轴用途的逐渐拓展。图片来源：作者

的关系图。例如，我在土耳其发掘的恰塔霍裕克 ① 遗址中，陶器用当地陶土以简易技术制成，陶罐用作容器。后来，陶器制法渐繁，并被用作炊器。再后来，它们用于储存，或是涂上装饰以供消费和社交展示。随着时间推移，更多可能用途被开发出来，陶器逐渐与更多事物联系在一起（图 1.6）。和轮子、织机、收割工具类似，越来越多的东西关联上陶器或是依赖于陶器。我把这些依赖关系称为"纠缠"。

本书中我将人类的演化描述为这样的过程：人均拥有的经人工改造的物品数量增长，数量变化速率提高，人与物的纠缠趋于复杂。我在上文中提到，你大可将 3 万年前某个人的所有家当摆在一张小桌子上。如今，美国平均每个家庭拥有超过 3 万件东西，小到回形针，大到熨衣板。[11] 大多数美国家庭中电视比人还多。弗兰克·特伦特曼在《物的帝国》一书中记录了欧洲和中国自 16 世纪以来消费品数量的增长。[12] 但和上文所说的能量获取力一样，这里也有很大的差异性。在20 世纪 70 至 80 年代的研究中，我调查了肯尼亚、赞比亚和苏丹当时的游牧群体和小型农业社会，他们每家每户只有 10

---

① 恰塔霍裕克（Çatalhöyük），又译加泰土丘，位于安纳托尼亚南部，是新石器时代至铜石并用时代的人类定居点遗址（约公元前 7100 年至公元前 5500 年），以动植物驯化及复杂的社会组织、宗教仪式著称。

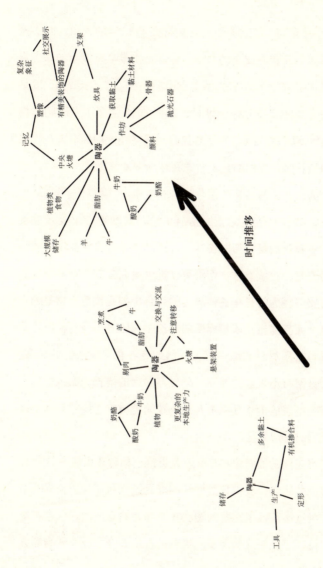

图 1.6 公元前 7 千纪至前 6 千纪土耳其恰霍裕克遗址在早期、中期、晚期阶段陶器用途的逐步拓展。图片来源：作者

到 50 件东西。[13] 北美和西欧拥有世界 12% 的人口，却占据了世界个人消费支出的 60%；而南亚和撒哈拉以南的非洲有世界 33% 的人口却只占消费支出的 3.2%。[14] 全球约有 28 亿人每天仅靠 2 美元勉强度日，然而 2016 年美国家庭的平均收入为 57 617 美元。[15] 每当我们试图描述人均拥有人造物数量的增长时，我们都必须考虑到这种贫富差距。

为什么会有这样的演化趋势？本书中我将首先考察其他理论，如社会进步论、生物演化论，并简要介绍复杂性理论，看看它们是如何回答这一问题的，接着我将概述纠缠理论的内容，我认为这一理论可以提供更充分的回答。不过我也需要解释为何我在各种演化的趋势中如此执着于物品的增多以及人与物相互依赖程度的加深。原因之一是其他演化趋势都与物质材料的增多有关，例如专业化与复杂性的提高、社会分层与不平等的加剧、分异与融合的增长。而且我们也很难在不关注 150 万年来人类构建的物质生态位的基础上讨论我们的基因变化。[16]

更完整的回答是：如今，人类这个物种正面临着许多难以解决的问题，我们日益增长的能源消耗和对物质技术的不断依赖直接造成了这些问题。正是考虑到这些问题我才在本章中选择了上面这些例子。当初的石镰如今已经发展为庞大的农业经济体系：据联合国粮食及农业组织估算，农业生产排放了世界温室气体总排放量的 18%。昔日的纺锤如今变成了一整套棉花工业：生产一件 T 恤需要耗费 700 加仑的水，生产一条牛仔裤的碳排量相当于一辆轿车行驶 78 英里的排量，种植棉花还消耗了世界上 25% 的杀虫剂和除草剂。而依赖轮子的美国交通，包括汽车、卡车、飞机、火车、轮船、货运等等，排放了全美 30% 的温室气体。[17] 人类对物的依赖与依恋直接导致了全球变暖。

我们对物的依赖导致了很多问题，然而我们的应对之道却是发明更多的东西。我们发明转基因作物，因为据说它们更环保；我们用各类石油产品复合纤维代替原先的棉花产品；各大公司开始研发节能型交通工具；我们还异想天开，企图用技术创新来扭转全球变暖：有种方法是让工厂将二氧化硫用消防管道输送到悬停在 6.5 万英尺高空的飞艇上，以隔开地球与阳光，从而起到降温效果。但这些地球工程的方案会导致很多不良后果，带来更多的问题。[18]

这就是我们一直以来在做的事情。我认为我们这个物种为了解决问题从一开始就寻找了太多的技术性方案，但它们又造成更多的麻烦，以此循环往复。对物质的依赖让我们陷入更深的纠缠与不平等中。目前环境变化的问题似乎难以解决，就此达成全球性共识也阻碍重重。我们这个物种似乎从一开始就认为技术性解决方案是最可行的。我将在本书的最后一章重新讨论这个问题，并分析有无他法。不过首先我们需要理解为什么我们会越来越依赖物。

第二章　进步的观念

为什么人类会越来越多地利用物？一个简单的回答是：因为人们想这样。这自然会引出下一个问题：为什么他们想这样？当然，我们可以认为人类的本能就是让自己活得更好，而这种本能与物质技术紧密相连，这样就能回避这个问题。同其他动物相比，人类的一个重要特征就在于他们能制造愈发复杂的工具，并不断改进这些工具，以此从自然界中攫取能量。更多精良的工具为人们带来更舒适的住房，更稳定的生活，更好的医疗、交通、奢侈品和教育。物质的累积过程也是权力的累积过程，这让专家学者与艺术家得以拓展人类物质、精神经验的广度与深度。如此看来，人类通过物获得进步、提升自我不是显而易见的事吗？

实际上，很多人认为进步的观念是晚近的发明，是 18

至 19 世纪西欧和北美资本主义兴起的产物。当然，19 世纪的英国充斥着各种演化的观念，如"提升"或"改良"。但实际上，进步的观念十分古老，在希腊、罗马时代就已经出现。[1]早期基督徒尤其是圣奥古斯丁描述了精神达到完满的必要过程：千年的尘世苦行修得应许的黄金时代。事物按照上帝的意志不断发展，类似的观点贯穿整个中世纪欧洲直至近世。20 世纪 20 年代，考古学家威廉·福克斯韦尔·奥尔布赖特描述以色列在文明史中的作用时，提到一种方向性，这种方向性被一种超越人类能力的意识所把握，借之可以领悟上帝在历史中那无从辨别的意志。[2]

15 至 17 世纪欧洲开始对美洲和世界其他地区进行探索，这促使欧洲人思考这些新发现的社会与他们自身社会的差别。应该如何定位这些地区的社会、经济和精神状况呢？最普遍的回答是进步式的："他们"的现在是欧洲人的过去，"他们"是史前野蛮人。这种观念加强了欧洲人的优越感和"昭昭天命"①的观念，为剥削、奴役这些"野蛮人"提供了正当理由。

———————————

① 昭昭天命（Manifest Destiny）原指 19 世纪美国殖民扩张时期流行的一种观点，该观点认为美国在领土和影响力上的扩张是上帝的旨意，美国的殖民活动为落后、黑暗的原住民带去光明与希望。本书借此概念类比欧洲的殖民统治。

公元 1750 年至 1900 年，进化的观念在西方达到顶峰，它强化了殖民主义、帝国主义以及这个时期的其他关键思想，例如自由、平等、社会正义、人民主权。[3] 在进步论的时代背景下，这些观念不仅吸引人，更被当作历史的必须和必然。孔德、马克思、黑格尔和斯宾塞都将历史描述为朝向某个终极目标的缓慢、渐进、连续且必然上升的过程。进步的观点逐渐用于解释世俗社会，它不再只是上帝的意志，而被尽可能地视为可供科学分析的自然过程。

进步观念的发展有两种倾向，它们都有着某种政治企图。第一种倾向赞扬个体和人类自由。根据亚当·斯密《国富论》（1776）中的看法，财富与繁荣来自每个人提升自身生活状况的能力。著名的推动社会发展的"看不见的手"，就是最终导致社会利益最大化的对个人利益的追求。美国 1776 年《独立宣言》的起草者也深受这种进步观点的影响，他们接受了新教千禧年主义的看法，认为一个独立的国家——美利坚合众国——可以成为整个人类进步的救世主。亚当斯、富兰克林、杰斐逊和潘恩都相信艺术、科学、技术与工业可以逃脱政府严格管控的束缚，逐渐完善起来。欧洲也有很多人支持"进步法则"，比如伊曼努尔·康德和约翰·斯图尔特·穆勒，这种法则将通过提升个人自由逐渐带来公共福祉与社会自由。但将个人自由与进步关联起来这种观点最有影响力的支持者是赫伯特·斯宾塞，他将同质性向异质性的转变视作这样的过程：普遍、必然而静止的社会组织形式被多样化、个体化的形式取代。他认为国家立法无法解决个体人类的问题，也不能为社会谋划，进而提出了"适者生存"的概念。

18至19世纪进步观念的第二种潮流更激进、更乌托邦，强调权力、国家在促进社会进步方面的作用。在卢梭看来，进步意味着社会朝向消灭不平等、公共利益至上的方向发展。不平等起源于农业和冶金技术的发展，它们带来了财产观念和奴隶制度。私有财产使得社会成员彼此依赖，导致人们无法自我解放，这又造成了阶级、民族、领土的纠葛，于是国家应运而生。而这一切都偏离了人类朝向平等的进步进程。奥古斯特·孔德将个人主义视作"西方世界的疾病"，他支持一种精神上的权威，这种权威可以导引民意、建立原则、安定社会。马克思构建了一套内蕴广阔的社会演化理论，认为矛盾冲突会激化社会斗争并无可避免地走向资本主义。他和恩格斯强调，人类历史有着发展演进的轨迹：原始野蛮社会、奴隶社会、封建社会、资本主义社会再到最终的乌托邦国家。在他们看来，需要在通往社会主义的这些中间环节施加强制力，也即无产阶级专政。

因此我们可以看出，在西方进步观念的鼎盛时期，人们对这个词的政治用法有一种矛盾心理。一方面，个人自由的观念催生了自由市场，商业资本主义因而变得无可避免，这不仅支撑了美国的建立，也为西方帝国征服"原始人"提供了正当理由。但另一方面，进步的观念也促使我们跨越当前的社会，憧憬一种理想的乌托邦式平等社会，通过国家权力确保人们精神上的完满。因此，进步的观念支持各种社会政治运动，并奠定了现代世界的基础。

到 20 世纪，亨利·柏格森提供了一种更复杂的进步观念。他批评"斯宾塞的错误演化观"，反对适者生存和命定论思想。[4] 他认为有很多演化路径可供选择，但同时有些路径是南辕北辙，是歧途、阻碍甚至倒退。他写道："我们必须承认，自然界中所有事物并非全都是连贯的。"柏格森认为变化的原因不是斯宾塞、孔德和马克思所认为的那样，而是某种更基本、更普遍的东西，这就是他所说的推动人类社会一代代前进的"生命的原始冲动"。生命只是对非生命物质的一种创造性行动的倾向，但这种行动的方向并不是预先注定的。在柏格森看来，所谓的"原始冲动"是"一种内在的推动力，它以愈发复杂的形式裹挟着生命朝向越来越高的目标发展"。演化是"一种不断更新的创造",是一种有生命力的创造、发展、成长的趋势,并随着各种路径改变,直至产生分化和专业化。因此尽管柏格森坚决反对命定论,但毫无疑问,催生生命的推动力会带来进步,带来不断的前进。

柏格森认为创造性冲动通过攫取能量、付诸使用的过程不断向前。"我们现在讨论的生命冲动包含在创造的需求中,创造未必发生,因为它面对着物质,也就是说面对着和自身相反的一种运动。"柏格森之后的一位作家莱斯利·怀特也认为生物演化和物质的物理过程有别,他的观点对考古学和人类学有很深的影响。读者会发现,他的思想在伊恩·莫里斯的作品中亦有许多回响。和莫里斯一样,怀特也将能量获取力作为衡量社会进化的依据,按能量获取力的大小可以将人类文化分成高级文化和低级文化。[5]高级文化、更伟大的文明使用能量拓展疆土,变得更加复杂,同时产生更高级的专门化生产和社会整合能力。文化的进步依靠人均能量获取力的提升。

怀特发现了物质的物理运动和生物过程之间的基本矛盾,物理运动遵循热力学第一、第二定律(系统中能量守恒、熵逐渐增加),而生物过程与之相反。他指出,根据热力学第二定律,"宇宙正在经历结构性的崩坍并不断消耗,也就是说，它正朝着更无序、能量分布更均匀的方向发展。这自然会导致一种统一的、随机的状态，或者说混沌"，也就是熵的最大化状态。宇宙会统一朝向一种无序的状态发展。之后作者又颇具戏剧性地写道："然而在宇宙的小小一环中，我们发现了一种相反的发展方向。在生命系统内，物质变得更加有序，能量从低密度地区流向高密度地区。"生物通过光合作用之类的化学过程从环境中获取能量和秩序。"生命系统是阻碍甚至逆转宇宙熵最大化的方式"，它们是能量获取系统。

怀特认为生命进程可以自我增长，一方面它通过繁衍增加生命数量，另一方面它发展出更高级的生命。在他眼中，"更高级的生命"是指：动物是比植物发展程度更高的热力学系统，同样哺乳动物比爬行动物更高级。人类社会系统也一样，有更高级和更低级的能量获取水平。正如生物系统一样，文化系统也会自我拓展：从数量上看，人类不断繁殖，聚落不断分化；从质量上看，社会组织更加高级，能量更加集中。但怀特在文章中并没有解释为什么会出现这种增长，有时他会像柏格森一样假定一种内在冲动推动着生命向前发展。因此他写道："任何物种都倾向于使出浑身解数，来保障生命安全进而扩张并延展自身。"另一些时候，这种扩张来自生存竞争的压力，那些能够最高效获取能量的生命组织可以在演化的生存竞争中获得优势。当然，在解释诸如农业和城镇化的演化发展时，怀特更多地诉诸资源、人口压力和环境变化等因素。很多演化论者认为在生存竞争中，最能适应环境并从中获取最多能量的生物才能获胜。我在下一章中会讨论这种竞争适应论的观点。现在我们还不清楚，既然社会转化也要更多的能量，为什么那些能量获取需求小的社会没有在竞争中获得优势。

怀特和其他理论家提出的社会演化理论到了 20 世纪后半叶变得不那么流行。例如布鲁斯·特里格批评这些定理式的演化理论，它们虽然清除了 19 世纪民族优越性的腔调，但还是忽视了像印第安原住民这样的边缘群体的特殊历史与能动性。[6] 如今的演化理论中还能看到这种整体上进步的观点，例如布鲁斯·史密斯认为生态位构建理论可以解释"最早的动植物驯化并不是为了适应环境恶化或人口增长与聚集，而是因为人类有意识地优化资源丰裕的环境"。[7] 其他人也曾表述过这种观点，强调人类会有意识地增加所需资源的密度和产量，但"人类有意识地增加"不能作为一种预设条件，仍需要进一步阐释。

当代演化理论支持进步观点的另一个例子是人口增长假

设。例如，我们可以看到怀特假设只要条件允许人口就会不断增长，现在的生态位构建理论往往也是基于人口增长的预设前提，并将人口增长视作导致变化发生的宏观演化过程。实际上，我们很难用人口增长来解释长期变化，这一点已经得到证实。[8] 例如，我们已经证明人口和资源压力不是中东地区采用农业的主要原因，而且即便它就是主要原因，我们仍需要解释人口为什么会增长。历史上人口有时会减少，当今世界不同地区人口增长率也大不相同。我们不能说"其他条件相同的情况下"，人口一定会增长，因为其他条件很少能相同。人口增减是由于特殊的情况，例如资源压力、劳动力需求、社会政治环境、宗教信仰等等。我们无法假设人口一定会增长。

约翰·斯图尔特展现了当代学者支持演化方向性的另一种方式，他认为人类群体朝着合作和管理的方向发展，也就是说朝向支持合作、贬斥欺诈的等级制度。[9] 他的论证始于这样的假设：如果个体合作，群体将会受益。等级制度的管控是抑制欺诈行为的重要机制，但欺诈的倾向还会存在，而且不同等级系统间会有不稳定性。因此我们需要更高等级的组织和管理来应付这种不稳定性和投机行为，如此，合作就变成了一种规模愈发庞大的无尽的螺旋上升。直觉上看，这种解释很有吸引力，因为它似乎可以解释人类合作系统的扩展，从小型部落直到美国。人们臣服于部落首领、王公贵族、国家和政府的意愿程度有明显的方向性。

但合作可以有很多种定义。小型狩猎采集社会往往有着很强的平衡机制，强调资源共享。而另一方面，很多国家和国际组织的功能失调显示它们并不具有成功的合作能力。而且更高级的管理下产生的合作，常常包含强迫行为，我们可以说奴隶和主人之间是在合作吗？合作的范围、类别和程度因时因地而变，我们很难看出整体的趋势。

复杂性的提高

怀特所描述的演化进程是一个社会复杂性提高的过程。社会有不同等级的组织形式：从游群到部落到酋邦再到国家，类似这样的观念是 20 世纪中叶很多社会科学的基础。例如，朱利安·赫胥黎发现了生物演化中复杂性的提高，因为一只鸟或是一只哺乳动物比一条鱼更复杂，一条鱼比一条蠕虫更复杂，一条蠕虫又比一只水螅虫复杂，以此类推。"到了人类那里，一种新的复杂性叠加在旧的之上，这就是人造工具、机器和社会组织。而这些也会随着时间增长。现代国家的精妙组织或是这个国家工厂中的机械工具，比原始部落或是部落栖居地中能找到的木质、石质工具不知道高到哪里去了。"[10] 同时赫胥黎也注意到，演化朝着复杂程度提高的方向发展，这种演化的速率不断提高，这一点我将在后文中继续讨论。

复杂性理论的讨论，在理解世界生物社会系统的当前状况时占有一席之地。[11] 这些理论面临的困难之一在于如何定义复杂性。最好的衡量方式是统计不同类型与种属的数量吗？如果是这样的话，问题就更加复杂了，至少在考古学中，因为将遗物分类有很多种方法，有些考古学家喜欢汇总，将不同的遗物归纳进范围较大的类别中，有些考古学家喜欢区分，将分类不断细化。这些是类别的不同还是组织级别的差异？复杂程度与专业化、专业化程度以及整合程度相关吗？考虑到定义复杂性的诸多困难，我们很难评价复杂程度趋于上升的一般观点，也很难解释复杂程度为什么提高。

现代复杂性理论，也就是物理、生物或社会的复杂系统科学能够帮助我们解释演化的整体方向性吗？我们常常认为复杂系统是自我组织的。一个自组织系统会使自身不断复杂化，但由于这只在特定条件下才能发生，我们很难说自组织复杂系统总会使自身更加复杂。[12] 有人会说，变量间的非线性关系往往会造成突然的、意想不到的效果，这类效果的不断累积最终会导致复杂度提高。丹尼尔·麦克谢伊和罗伯特·布兰登就曾提出过"零力演化定律"，他们认为"差异和复杂性会在偶然事件的累积过程中形成"。[13] 例如，假如你有一道白栅栏，它会逐渐变脏，白漆也会逐渐脱落，于是栅栏上就会出现差异和复杂性。一些考古学家认为这种随机漂变会导致陶器风格的变化。[14] 但陶器风格和栅栏的变化并不完全是随机的，偶然事件会被处理，或被采纳，或受到选择。例如，有些屋主会仔细照料他们的栅栏，如果倾倒的树木砸坏栅栏，他们会迅速修好破损处。复杂性是否会随着非线性或偶然事件出现其实取决于很多其他因素。我们很难知道为什么系统一定会变得更加复杂。近期有一本物理学家、生物学家和其他科学家的论文集讨论自组织系统，但在"什么是复杂性以及我们如何衡量它"或者"复杂程度提高了吗"这些问题上，大家并没有达成共识。[15]

我们可以将复杂程度的提高定义为人造物形式与功能以及它们之间相互关联程度的增加。我们在第一章中看到，工具和机器确实随着时间的推移变得更加复杂。尽管复杂性理论或许可以帮助我们定义、描述这种增长，但似乎也没有根本的理论可以解释为什么复杂程度增加会成为普遍规则。后文我们将看到，纠缠理论可以将这个问题倒过来，让我们询问人与物的互相依赖是怎样让复杂程度显现出方向性的。

方向不是"进步"

进步的观念似乎包含四个主题：第一，存在不同的发展阶段；第二，社会在这些阶段中缓慢、渐进地发展；第三，后面的阶段比前面的更加高级；第四，这些阶段是自然的、必然的、不可避免的。这里的"高级"是什么意思？定义向高级阶段进步的方式有很多（我们会在第三章中看到，生物演化也会面临这样的问题）。"进步"常常意味着个体的自由或技术、知识的增长，尤其是客观的科学知识。"高级"有时意味着更高的道德水平或精神愉悦、幸福、内心平和，意味着人类本性的进一步完善。但很多人曾忿忿地指出，技术的进步与道德滑坡有关。我们感受到了医学的进步，但我们也需要管控这种进步，因此就出现了医学伦理的大规模讨论。近几个世纪，西方世界的进步与科学、民主和自由有着正面的联系，但这种进步也产生了负面的影响，包括极权主义、种族至上主义、殖民主义和帝国主义——我们将其他社会视作原始的或是消逝在历史中的社会，而考古学为这种看法提供科学依据。

这些进步观点的各个方面都深陷特定利益纠葛的泥淖中，可能是雅典的霸权地位、教会的中心权力，也可能是西方的帝国主义强权。社会从一个阶段缓慢而必然地进步到下一个阶段，这种观点服务于特定人群的利益，他们能够在既得权力与特权中获益，而惧怕革命性的变化会损害自身的利益。后一个阶段比前一个阶段高级的观点成了殖民扩张、奴隶制度和种族屠杀等政治活动的正当借口，而如果同意这些阶段的更替不可避免，那么这些政治活动就变得无可非议了，认为当代社会攀上进步发展顶峰的观点，恰恰是今日当权者的意识形态。

不过进步观点最大的困难在于它太过目的论了。有待解释的事情（社会获得了客观科学知识、复杂度、民主和自由）同时也是用于解释的原因（社会进步是为了获得客观科学知识、复杂度、民主和自由）。当然，确实存在追求特定目标的社会，比如追求同环境中的其他生物共享资源、畜养更多的牛、创造平等、追求上帝意志或创造财富、自由和民主，这些目标会导致短期内的变化。但这不足以说明人类整体上的进步是因为他们想要这样做，这种说法需要假设人类这个物种天生渴求进步。然而人类历史的很长时间内，比如大部分旧石器时代，变化实际上十分缓慢，而且世界很多地区全新世①以来根本没有积累大量物质资料。社会是否发展出很强的进步观念需依历史情境而定，我们不能假定人类普遍具有自我完善的内在驱力。

鉴于这些进步发展观念存在的问题，我又怎么能关注物品的增长呢？在第一章中，我说过我将讨论人均积累人造物数量的增加、增加速率的提高以及人与物纠缠的加深。这种立场难道不也是在关注消费品、物质财富以及推动发展进步的技术增长吗？除此之外还有其他立场，往往是宗教的或者哲学的，它们避免对物质的青睐，而更重视非物质、冥想和超越性。我在这本书中难道仅仅是要讲述当代消费主义和资本主义为何兴起的故事吗？[16]毫无疑问，这些问题的答案是肯定的，但我想明确强调我对物质主义兴起的探寻是批判性的。我认为尽管物对人类的发展起到了很多正面作用，但它们还是造成了很多不可接受的不平等问题以及不可持续的环境改变。这样一来，我们很难在人类整体的资产负债表上肯定地说收益大于损失，很难说更多的物就意味着进步。

我也不认为人类有着积累更多物品的天生动力。相反，

_____

① 全新世，即我们目前所处的地质时期，从 11 700 年前起始，是农业起源并在全球范围内广为传播的时期。

我认为是物将人拉进一种纠缠关系中并导致了方向性的改变，这不是"进步"。我在书中只想表达一种人类天生的特性，那就是人必须依赖物。这无异于说智人（*Homo sapiens*）就是匠人（*Homo faber*），也就是工具制造者。人类天生依赖物质工具，而这使得我们这个物种朝向特定的方向发展。如果在某些历史时期，人类有积累更多东西的动力，这是因为人们已经陷入人与物的关系所设定的方向中，后文中我将这种人与物的关系称为"纠缠"。

第三章　生物演化可以提供答案吗？

可以通过类比社会演化和生物演化来解释我之前描述的那种方向性吗？物质的复杂化仅仅是生物整体复杂化的延伸吗？很多人曾将文化特征的传播类比为基因的遗传。[1]当然，也有很多人怀疑文化和生物演化是否具有可比性。[2]这种类比的问题之一在于基因改变比文化改变缓慢得多，后者在几代之内就可以发生。另一个问题是有机体可以自我繁殖，而文化物品则需要人类才能增殖，它们无法自我繁衍。如今我们可以写计算机代码、创造人工智能机器，它们可以自我增殖，但也只能在人类设定的范围内。文化物品的复制并不等同于有机体的繁殖。

当然，我们还是可以说人造物质工具数量的增加使我们这个物种愈发复杂，因此物质文化的增长成了人类复杂程度增加的例证。那么，人类这个例子真的可以证明生物演化有整体方向吗？达尔文的演化理论很有说服力，因为它避开了第二章所讨论的进步理论的目的论假说。在达尔文式的理论框架内，演化没有目标。生物的性状受到自然选择，这能让生物更好地适应特定的生存环境。

有机体在适应当地环境的过程中会呈现出某种演化的方向性，这种观点在生物学中被广泛接受。当一些拥有某种性状的个体能更好地适应环境或是更好地繁衍后代时，有方向的选择就发生了。越来越多的个体拥有适应力更强的性状时，有机体就逐渐能最大程度地适应某种环境。达尔文给出了如下例证：跑得更快的狼更能成功捕食鹿，更能产蜜的花也更容易吸引蜜蜂为它传粉。由于环境会变化，这个过程会导致不同的性状受到选择，甚至产生新物种。比如我们能设想一个奔跑速度对狼而言并非最重要特性的环境。假如有一群体形很大但速度很慢的食草动物进入这个环境，那么那些体格壮硕、肌肉发达的个体或是那些更懂得合作狩猎的狼，就比瘦削但速度快的狼更有生存优势。很多代以后，当地狼群整体上可能就会变得更缓慢但体形更大，社会性也更强。

但这种区域适应过程并不意味着整体的方向。某个方向性的选择也不一定导致更高的复杂度、更强的智力、整体累积过程或是分化/整合程度的提高。当地环境也随时可能开始青睐更简单、分化程度更低的生命形式。

生物演化的整体方向

我们通常认为达尔文理论的核心是自然选择，进步或渐进发展并不重要。但罗杰·尼斯比特认为达尔文确实相信生物体会朝向更完美的形式整体进步，持续不断的自然选择会导致进步发展。[3] 斯蒂芬·杰伊·古尔德也认为达尔文书中的有些部分暗示了整体上的进步发展。[4] 对此古尔德的解释是达尔文无意识地采用了流行于维多利亚时代大英帝国的进步观念。但古尔德本人深信基因"差异本身并不构成方向性"。在与古生物学家西蒙·康韦·莫里斯的著名争论中，他认为假如演化历程重头来过，随机与意外将会让演化呈现出完全不一样的结果。

人们可能会支持的整体方向性的一个例子是"柯普定律"：自然会选择越来越大的生物体形。最早演化出的动物很小，但很多现代物种体形都很大。这种体形增大是主动选择的结果还是完全随机的过程？诺埃尔·海姆同他的研究团队在海洋生物中探究了这个假说，他们发现从最早演化出的动物以来，生物体量的提高超过五个数量级。[5]此外，他们的模型显示，这种激增不可能是完全随机产生的。关于这个定律还有很多争论，而且它并不适用于所有的分类学层级，也不适用于所有的环境。例如，如果一个动物群体被隔绝在一个岛上，那么它们的体形更容易缩小。

辨别生物演化和文化演化整体进步的问题之一在于，它很大程度上取决于如何定义进步。在生物学中，我们可以测量 DNA 中相关的信息含量、生态统治力、领地扩张能力、替代其他生物的能力、更强的分工、复杂性增强（本身就很难定义），或整体能量的提高等等，用这些因素衡量进步。迈克尔·本顿写道："以某种标准来看，开花植物比很多动物更加高级。"[6]约瑟夫·弗拉基亚和理查德·列万廷写道："尚不存在独立于其所要解释的问题来定义复杂性的方式。"[7]如此，演化的整体趋势仍难以把握。

但还是有很多人认为演化整体上是进步的，通常来说智人在演化的顶端。这种进步论的一种解释是竞争导致进步。比如，常常有人认为生物复杂性随时间提高，因为更复杂的有机体可以更好地生存（不过我们同样可以说更简单的生物适应能力更强）。[8]但在考察大量种间竞争和取代的证据之后，迈克尔·本顿认为生命史进程中并没有出现竞争能力增强的现象。[9] 没有证据表明关键适应能力的出现导致了大规模的物种竞争替代现象。本顿如是写道："没有证据表明形态复杂化与更强的适应力相关，也没有证据证明生命繁衍完全依靠投机的方式。我们不能证明演化有着竞争能力增强的趋势，同样也不能确证适应能力变得更加有效。"

演化作为生物 – 社会 – 物质的累积过程

但或许演化是另一种大不相同的过程：新的发展建立在旧的发展基础上，换句话说，演化是累积式的。虽然演化没有目的论式的方向和进步的内在驱动力，但或许它仍然有一种方向性，因为自然选择必须在已有的生物条件基础上进行。亨利·柏格森将生物演化的累积式本质视为一种方向性。[10] 基因型更容易在已有条件的基础上演化而不是从头开始。新达尔文主义认为演化唯一重要的限制来自自然，但最近的研究表明基因型也会限制演化，而且这种限制取决于很久之前的演化道路。斯蒂芬·杰伊·古尔德颇为生动地描述道，大象不可能演化出有翅膀的基因突变。所有物种都有限制变异可能范围的结构形式。[11] 由于生物发展系统内的相互联系，基因表现型的表达会呈现一定的倾向性。

生物演化的累积过程还有另一重含义。人类、灵长类动物、鸟类以及许多其他动物都能将信息代代相传。近几十年来，很多演化学者主张存在两种不同的信息传输途径：一种通过生物基因遗传，另一种通过文化信息复制。第二种方式的例子包括蓝山雀向其他同类学习如何通过狭窄瓶口喝到牛奶，以及用水洗红薯的观念在日本猴群中的传播。[12]

大多数生物学家和社会科学家都倾向于将自然选择和文化传播视作相互独立但可以类比的过程。理查德·道金斯主张基因的传播过程完全独立于文化基因的传播。罗伯特·博伊德和彼得·里彻森在他们的双重遗传理论中支持同样的观点。比尔·德拉姆认为存在四种传播途径：文化的、生物的、生态的和社会的。尽管他认为这四种通道间有繁复的关联，但他仍然坚持在方法论上将四者区别开来。[13]

双重或者多重遗传理论的主要问题在于它们倾向于将文化视作"人们头脑中的想法"。最近的研究表明，文化总是在一定程度上被构建，历史总是在一定程度上被塑造。我们不能仅仅将文化视作薪火相传的一系列性状，也不能认为文化的传播是完全独立的领域。[14] 相反，文化深嵌于日常生活和行动逻辑之中。例如，文化规则告诉我们如何搭建房屋，如何安排室内活动。这种规则与很多因素联系紧密，包括木头、砖块和石头的物理化学属性，也包括同住在房屋内并影响人类文化规则和行为实践决策的细菌、啮齿类动物、苍蝇等生物体。

理查德·列万廷的基因、生物体、环境"三重循环"假说为我们提供了理解生物演化的另一视角，这与我们当前对文化和历史的理解也很一致。列万廷强调生物体并不完全由基因决定，不存在完全独立的环境，生物适应环境的观念也不充分，因为这似乎试图将生物体置于环境的对立面。[15]类似于现代理论家对社会实践的描述，他将生物演化也描述为建构的过程，强调微小的情境差异会改变特定的历史进程，认为突变并不是随机的。基因、生物体和环境创造了一系列流动的关系，我们很难分辨出某个单独的原因或结果。在他之前，柏格森对生物适应环境有相似的理解，他不同意存在预先设定的生态位让生物体去适应的观点。他写道："生物体适应它生活的环境时，哪有某种预先存在的形式等待它的实体？环境并不是生命嵌入其中的某个模式，生命体也不会呈现出这种预先存在的形式：这种观点完全是错误类比。形式尚未诞生，生命体必须为自己创造一种形式以适应为它特设的环境。"[16]

伊娃·雅布隆卡和玛丽昂·兰姆认为，一旦我们清楚地认识到基因和生物特征之间复杂的关系，那种基因中心的观点就会被颠覆：我们无法找到某个基因决定肥胖、性取向、犯罪倾向、宗教信仰等等。[17]DNA、RNA 和蛋白质的关系并不是简单线性的。基因的表达会受到某些控制，这些控制是环境造成的，并且可以遗传。基因表达受到环境的控制或管理，或对环境刺激做出反应。我们已经找到基因可塑性、返祖现象、隐性基因和基因适应的证据。在构成生命体的复杂集合体中可能会出现令人惊讶的交互作用。例如蚜虫的身体颜色和其他表现型可以通过共生细菌的等位基因传递。[18]

因此基因（包括文化基因）无法自我复制：它们需要细胞、生命体、环境，以及包含内在或外在行为体的异质群落。[19]并不存在单一的能动者或单一的原因。生命不停地运动，但能动性在整个基因组间弥散，并扩散到更广阔的物质、社会和文化纠缠中。基因组被看作对刺激的反应，这就是伊夫琳·福克斯·凯勒所谓的反应式基因组。[20]她认为从基因型到表现型的简单因果链描述已不再适宜，基因组可以通过诸如染色质重组、甲基化的表征遗传方式对外部刺激做出反应。非编码 RNA 参与了多种形式的基因控制。不同于 DNA，RNA 序列可塑性更强，可以被改写、重组、反向转录，这些改变会嵌入 DNA 中。因此非编码 RNA 不仅使得基因表达对环境变化做出反应，也让环境对基因组本身造成影响。

因此，将生物因素与文化因素隔绝开来完全不合理。如凯勒所言："生命体与环境相互作用，这种基因和环境、生物与文化的相互作用对于我们理解人之所以为人十分重要，这一点我们早已熟知。基因组学研究向我们展示的是，在各种层次上，生物体本身都是被那些相互作用构建的——即便是在基因的层次上。"因此区分不同的传播渠道和路径并不合理。文化、物质文化和社会，不是与生物、基因平行的、独立的事物，相反，文化、社会、物质直接参与到生物活动进程中，反之亦然。因此，我们可以讨论生物 – 社会 – 物质的纠缠关系。

类似凯勒的观点常常在拓展综合演化论的分支学科中被讨论。[21] 这种新方法是对新达尔文主义、基因中心论的有力修正。生物也被纳入社会、物质、实践的复杂纠缠网络中。

结果就是人类不断累积的文化传统也会有生物的组成因素。例如，土耳其新石器时代恰塔霍裕克遗址的东丘在 1000 年间曾经居住过 8000 人。[22] 这个稳定的社会群体代代传递着大量累积的信息：如何建造房屋、如何粉刷墙壁、如何处理垃圾、如何埋葬逝者。当人们用黏土加固屋墙防止其倒塌时，当他们寻求技术手段提供足够的粮食以供养不断增长的人口时，文化信息就会嵌入这种物质参与的过程中。房屋的规划和资源的管理受到社会文化规则的强烈约束，而这种规则也同样体现在如何应对高人口密度群体中的疾病风险上。布莱特·周描述了该遗址中各种疾病控防的措施：墙壁会粉刷多层灰泥杀灭病菌，埋葬死者后会在地面上仔细重新粉刷灰泥，对屋内洁净与肮脏的象征区域做出严格区分，将屋内垃圾清扫至开阔地带或专门的垃圾堆处，这些垃圾堆中有很多人、羊和狗的排泄物，但会定期焚烧或用黏土掩埋。[23] 他注意到恰塔霍裕克遗址中使用的灰泥碳酸钙含量很高，这可能创造了一种碱性环境，可以抑制真菌、霉菌和细菌生长。我们现在对麸质耐受在早期农业人口中的出现所知甚少，但很可能是因为人类在摄入大量富含麸质的饮食过程中发生了表征遗传和基因变化。[24] 对一些人而言，麸质吸收障碍会导致铁元素和其他营养成分的缺乏，还会导致图 3.1 所示的疾病和物质交互。因此，人类、事物、细菌和疾病被困在一个不断发展的异质混合体中。混合体组成部分的累积包含生物、社会、物质诸多方面。

已有的各种条件限制并指引了接下来可能的行动。粉刷墙壁、处理垃圾的活动抑制了疾病的传播，但却需要大量劳

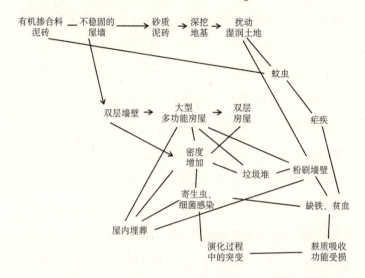

图 3.1 公元前 7 千纪土耳其恰塔霍裕克遗址生物、社会和物质的纠缠关系。该遗址最早的地层堆积是 G 层（最左侧），最晚的地层堆积是 TP 层（最右侧）。图片来源：作者

动（挖掘黏土，在底层黏土中加入有机掺合料，将它们涂在墙上，抛光）。人类陷入对墙壁、地面、墓葬和垃圾场的不断照料中。我们猜测恰塔霍裕克居民没有和我们相当的疾病知识，但他们应该注意到了如果触犯宗教对屋内洁净与肮脏区域的划分，就会有更多疾病发生。象征规则与物质实践因此互相影响。从更大的范围看，虽然恰塔霍裕克人找到了在大型稳定聚落中控制疾病风险的办法，但在长时

段内，城市中的疾病还是越来越猖獗。[25]人类发展出了强度更高的农业系统和规模更大的城市聚落，但他们也陷入更多的健康威胁中。

拓展综合演化论很重要，因为它解释了生物、物质和社会如何互相作用并造成了累积传统的涌现。三者的关系并不仅仅是生物体对环境和生态位做出反应，而是人类、物、植物、动物和社会关系（它们都是卡伦·巴拉德所谓的内部行为体）互相成就、共同促成变化。[26]变化的过程无疑是累积式的，因为问题的解决方案根植于已有的实践中。但似乎没有理由认为这些无可抗拒的相互作用最终会朝着某个特定的方向发展。演化是累积的，会受到已有条件的限制，但这并不意味着我们可以预测它将去往何处。

除非，我们认为这个混合体的内部有种东西牵引着这个力量强大的整体。尽管在地球历史的大部分时间里，这并不是现实，简单的生命体有时会被特定的环境选择。但自从人类出现以来，他们深深依赖物质，并且有一种整体上朝着更多物质的方向发展的趋势。

包括人类的强大整体与不包括人类的整体不同，这种不同与其说是数量上的差异，不如说是质量上的差别。当然，人类同其他生物不太一样，这一点显而易见。但实际上，近代的理论试图用纯粹生物学的方式阐释人类社会和文化的发展，或者将这种发展同生物演化类比。我认为人类对物的依赖使得人类的演化发展异于一般的生物演化，这种差异解释了人类演化的方向性。我想先从堤坝的例子入手：比较河狸筑造的河堤与人类建造的大坝。

河狸的堤坝与人类的堤坝

河狸建造堤坝，人类也这么干，这一点常常用来说明人类并不是参与生态工程建造的唯一生物。河狸的生态系统工程非常复杂，不仅仅是建造堤坝。河狸用木头、泥巴、石头和土壤建造的堤坝也创造了它们所生活的水塘环境，还在水塘中建造巢穴并生活在河岸边的洞穴中。池塘水面上升后漫向周围的林地和植被，河狸在漫出的水道中游行、收集浮木，然后再让这些木头顺着水道漂回到堤坝和巢穴以加强防御，抵御捕食者的入侵。曾有人记录过一些超大型的北美河狸堤坝，蒙大拿州有一座长达 700 米，怀俄明州的一座超过 5 米高。河狸甚至还会建造堤坝系统——曾经有一处河狸堤坝系统在 1300 米河流内有 24 座水坝。这些堤坝可以屹立数十年不倒，形成一系列"纪念碑"式的景观。[27]

河狸堤坝导致沉积物堆积、水流速降低，同时也将原本的河流地貌景观改造为湿地环境。在不同的生态环境中，它们还会改变水文、气温、河流和土壤化学成分。[28] 整体而言，河狸往往会拓展栖居地，增加景观内的物种多样性。"随着栖居地的改变，共生物种间的关系也会随之改变。例如，褐鳟或河鳟就会压制大西洋鲑的生长。"[29] 此外，不管是尚在使用还是已经废弃、坍塌的堤坝都会对当地植被和草木生长造成很大改变，同时也会影响到更大范围内的哺乳动物、爬行动物和鸟类。

这些堤坝需要河狸"不断监管和持续劳作"，路易斯·亨利·摩尔根写道。[30] 水的渗透、泄漏、沉积、腐蚀作用需要河狸保持警惕、仔细修补。秋天来临时，河狸会在河坝上重新加上一些材料以弥补腐烂的部分，它们会使用去年秋天啃食树皮后剩下的树干，它们特意将木材保存下来，留待维修堤坝时使用。河坝会因为各种原因损坏，包括洪水、动物掘洞以及上游河坝的坍塌。人类将河狸视为有害动物，还会想办法破坏它们的堤坝。即使堤坝被人类炸毁，河狸家族还是会努力工作，迅速维修。有时，当它们要筑造新的河坝时，就会换一处居住地，但往往会在原来位置的河流或沟渠的上下游选择一处新的宜居地。河狸是否维修损坏的堤坝取决于季节和损坏的程度。[31]

清除河狸更有效的办法是杀死或摧毁堤坝附近的柳树或棉白杨幼苗，这些树木为河狸提供了食物和建筑材料。[32]河狸可以重建河堤，但不能重植树木。这一点似乎显而易见，但它表明河狸只能处理有限的因果关系链条，解决有限的问题，而人类则可以在因果链条中走得更远。

中国长江上的三峡大坝是人类建造的最大的堤坝，它长近1.5英里，水力发电功率达182亿瓦特，耗资在250亿到400亿美元之间，迁移了160万人口。它为供电、灌溉、防洪带来了十分可观的益处。但因果链条往往会有消极的方面，例如建造大坝使得数以百计的工厂、矿井和垃圾场淹没在水库中。[33]水库蓄水量上升造成水土流失，迫使人们搬离故土。

三峡也造成了文化上的影响。尽管考古学家调查了峡谷内的1087处遗址，获取了当地人自200万年前以来的生活信息，但不可估量的信息随着上升的水位消失了。[34]拯救一些重要的遗址需要采取特殊措施，并且耗资巨大。世界上保存最好的水文站白鹤梁通过水底博物馆得以保存。明朝万历年间建造的佛塔石宝寨现在位于三峡湖区中央的小岛上，四周用水泥堤坝围起。有些建筑则被整体迁移，例如张飞庙被整体拆迁，并在高地重建。

尼罗河大坝也产生了类似的后果。自尼罗河谷开始有农业起，尼罗河每年定期的洪水就滋润了那片土地，人们也建起沟渠堤坝管控尼罗河的洪泛区。中王国时期十二王朝（公元前 1991—前 1786 年）兴建了大型灌溉工程，之后历代沿用。[35] 最近一次筑坝的尝试于 1889 年在阿斯旺启动。这座 19 世纪晚期至 20 世纪早期建造的大坝造成了一系列后果，包括 20 世纪 40 年代的疟疾肆虐、化肥短缺、水草丛生、淤泥堆积以及水分蒸发。[36] 筑坝使用的波特兰水泥导致了泄漏与侵蚀。

埃及前总统贾迈勒·阿卜杜勒·纳赛尔所设想的堤坝要更为壮观，该国于 1960—1971 年间耗资 10 亿美元建造了阿斯旺大坝。根据费克里·哈桑的说法，这座大坝收益良多，它能为周边地区提供灌溉水源，增加可耕种土地面积，为整个埃及提供更多饮用水，还有利于航运和防洪。[37] 大坝水库将成为渔业的主要来源，它提供的电力对国家工业发展至关重要。但库区面积太大，必须迁移十万人口。地下水位上升导致海水入侵，土地盐碱化，这需要人们建造面积巨大的地下排水系统。随着泥沙堆积，大坝的蓄水量下降，人们又要在尼罗河更上游的地区建造新的大坝解决这一问题。最后，建造堤坝造成水路中水草疯长，这又需要人们采取各种生物和机械应对措施。

因此我们可以看出，人类在干预河流水量时，造成了各种各样的环境后果，之后这些后果都需要解决。但值得注意的是，人类也会关注过去社会的遗迹、遗址。他们大可让这些遗存被水淹没，但由于各种原因，他们觉得必须让这些遗址免遭破坏。所有人类社会都会关注过去，公元 18 世纪以来，某些国家开始对遗址保护愈发敏感，并开始合作保护这些遗存。他们本没有必要与过去纠缠至斯，但各种因素唤起了他们对于过去纪念碑式建筑、遗址和文物的保护意识。[38]埃及和尼罗河很早以前就开始成为居址和纪念碑建筑的核心地区，因此阿斯旺水库不可避免地会对考古学产生重大影响。第一次引人注目的国际合作遗址救援工作是努比亚遗址行动计划，该计划的目标就是要拯救阿斯旺水库淹没区的遗址。这次计划的两个重要结果是 1972 年《世界遗产公约》的签署以及 1992 年联合国教科文组织世界文化遗产中心的成立，后者的使命是保护人类的文化遗产。这次计划也让埃及损失惨重，因为很多重要的文化遗产，包括一些考古发现和神庙部件，被送往欧洲和美国的各大博物馆中。该计划最终决定将很多遗迹整体迁移到高地，其中最著名的是阿布辛贝神庙，它被切割成若干块，迁移之后重新组装。这样做的益处是促进了尼罗河地区的遗址旅游业发展。但弊端更为突出，包括水位高度在内的水文环境变化危害了整个尼罗河沿岸遗址的保护。[39]

联合国教科文组织和《世界遗产公约》是对人类干预自然环境、进行大规模建设所造成的后果的回应。为了应对这些后果，大型官僚组织建立起来，用于管理和监督国际、国内、区域和地区范围内的文化遗产保护。这是典型的人类独有的关怀，针对的是某些特定的地区和历史时期。我们在上文中已经看到，河狸建造的纪念碑式建筑虽有很长的使用寿命，但最终会消损坍圮，很明显河狸不会操心保护祖先的堤坝和巢穴。

河狸会营造建筑以构建适合自己和其他生物体的生态位，人类也一样，但他们之间仍有显著的差别。我们知道河狸会应对它们干预自然所造成的后果，上面列举了它们不停修补堤坝的例子，路易斯·亨利·摩尔根的例子则是当一个堤坝造成河流流量问题时，河狸会建造二道堤坝。[40] 这些解决措施同样用在了阿斯旺水坝的建造过程中。但河狸在因果链条上的深入程度有个限度，例如，河狸的堤坝最多只会阻止鱼类洄游产卵。人类的堤坝也会有这样的影响，但人类通常会想办法解决这些问题，比如建造阶梯状水道和通道让洄游鱼类得以通过大坝。针对行为造成的后果，人类会采取更进一步的措施，从而被引入更深层次的纠缠。

人类及其后果

河狸的例子是为了回应美国人类学家和社会理论家路易斯·亨利·摩尔根先前对河狸的研究著作《美国河狸与他的工程》，摩尔根对社会组织的思考以及物质文化和技术造成社会变革的观点影响了卡尔·马克思和弗里德里希·恩格斯。摩尔根将人类与河狸的工程知识进行类比，并在书中讨论了物质在人类演化中的作用。这样一来我们需要询问摩尔根对河狸行为的细致研究如何启发他对人与动物区别的思考。

河狸在筑坝过程中会遇见各种问题：堤坝的腐烂损坏、水流的不稳定性以及生态的改变。摩尔根在观察河狸对诸多问题的机智反应后，认为它们并不只是依靠直觉工作，而是拥有一种"自我意识的思考能力，和人类拥有的是同一种能力，只不过程度不如人类那样强"。例如，河狸会开发从水塘到硬木生长地带的水道，摩尔根认为这样的活动涉及预想和规划的能力，同时也需要意识到采取某些行动、不采取某些行动的后果。他在书中关注的是河狸的"工程"，并曾表明自己视河狸为"低等生物"、"一个哑巴"，但却拥有引人注目的复杂工程能力。但河狸代代学习、传承的工程能力却受到智力的限制，它们能应对的后果范围有限。[41]

人类是典型的工具制造者和使用者（匠人），但他们也拥有庞大复杂的大脑和神经系统（智人）。因而他们能够看出各种事件的后果，并且努力解决所发现的问题。在阿斯旺水库的例子中，通过引入地下排水系统来解决土壤盐度过高的问题，水草的问题则通过生物和机械手段解决，鱼类也能够通过人造设施穿过大坝洄游，考古遗址的毁坏问题则通过整体迁移至高地、事先做考古调查以及设立全球性遗产保护机构来解决。人类不断解决行为造成的问题，这种纠缠使得人类整体的演化呈现出某种趋势与方向。

通过前文的描述可以看出，生物演化是否有方向的问题尚无定论。尽管有证据表明某些生物更容易适应某种环境或生态位，因而演化似乎有一定的方向，但并没有一种广受认可的有关演化整体方向的解释理论，虽然有些理论试图定义这种方向性（例如从复杂性的角度），但并没有被大部分人接受。生物适应环境和生态位的观点也有些问题，对适应能力更为恰当的描述应当囊括各种行动者，包括生物因素以及社会、物质、化学和物理因素。生物－社会－物质的整体演化过程在已有条件之上累积，用基因学的话说，基因型是久远以前演化路径的遗产。但演化过程这种累积式的特征也不能产生整体的方向性。

　　虽然生物学似乎并不能回答人类演化为什么呈现出某种方向性，但在本章中我们可以看出生物演化的一般现象与人类演化这种特殊现象之间的差别。我们对河狸与人类筑坝能力的比较表明，人类与物质互动、依赖物质的程度以及解决问题的能力将我们与其他生物区别开来。人类深陷自身行为的后果之中，其他动物则不然。他们在事物的关联链条中走得更远，并努力解决不断出现的问题。我们可以认为正是这种特征使得人类演化具有其他生物演化不具备的方向性。

第四章　人与物

　　由生物体构建并驱动的物与环境在演化过程中扮演着重要作用，这一观点在生态位构建理论中得到有力论证。人类所处的生态位影响着人类自身以及其他生物所面临的选择压力，而这一理论描述了人类如何构建起自己的生态位（包括文化与生态信息以及物理意义上的居所）。[1]它探讨了生物体和环境间复杂的动态关系，进而研究了创造新型生态系统的人为改造。总体而言，生态位构建可以理解为环境的改变，一种生态系统工程。从这个角度，仅在改造景观的意义上看，它与"人工制品"（artifact）的含义有些接近。然而，这种理论并不关注人工制品、物以及交错复杂的操作链之间的依赖关系，其理论构建整体上来源于演化理论。演化理论与人类的演化有关，但我们在修建堤坝这个例子中看到，人与物的关系迥异于其他生物与物的关系。生物演化和自然选择的过程太过缓慢，无论如何都不能解释大部分人－物关联。因此，要想理解人与物如何逐渐地相互改造，我们需要求助于那些并不完全取材于生物演化论的理论。

让我们从最基础的问题开始：什么是物？答案比我们想象的复杂得多，但正是这种复杂性让事情变得有趣起来，同时这也是纠缠理论的关键。以轮子为例：第一章说过，确知轮子起源的时间地点非常困难，造成这种难度的部分原因源自定义——到底什么算是轮子？轮子通常被用作人类发明改造世界的典型案例，有关轮子的起源问题论著颇丰，但仔细思考后你会发现，不同的定义会得出轮子起源的不同故事。或许你认为狭义上轮子是一个扁扁的圆形物体，中间有个洞。即使是这样的定义也有问题：有些轮子很厚并且不是正圆形的，有的中间并没有洞。但这种定义下的轮子要想正常运作不能没有轮轴，而轮轴又需要一个框架或者交通工具装载它，那么轮子和马车的界限在哪儿？那些驱动马车的人、牛、马或者内燃机呢？它们对于轮子的正常运作同样必不可少。对轮子的全面理解需要我们探索各种无尽的纠缠关系。要想讨论轮子，我们很难不讨论道路以及建造和维护道路的国家或其他机构。在当代社会，即便相距甚远的事件也能发生量子纠缠般的效应。例如，沙特阿拉伯和波斯湾发生的事件会影响油价，进而影响加利福尼亚州道路上有轮交通工具的数量。轮之为轮因而是散播的、流离的、延展的、弥散的。同理，物之为物也是四散的，是一种联结的构建。

车轮将各种其他物连接在一起，也正是这些物造就了轮子，这种关联产生了不计其数的后果。如图 1.5 所示，用轮子运输重物的想法来源于滚轴的使用，更早些时候，轮子的概念在弓钻、纺轮或许陶轮上就已初露端倪。因为轮子的运输功能离不开轮轴以及轮轴的框架（比如一辆马车），轮子依赖相对复杂的木工手艺和木工工具：制造大型平坦的圆形轮子是个比较困难、需要技术的工作。无论是轮轴还是能旋转的轮子都需要一些润滑剂，最早的润滑油是动物脂肪；牛、马这些牵引车辆的动物需要通过轭一类的装置连接；新石器时代，欧洲人又给被驯化的动物配上轭用来犁地。由此可见，轮子将许多事物联系在一起，轮子存在的可能条件因而分散、延伸又浑然一体。

没有什么东西是独立存在的。根据词源学，盎格鲁－撒克逊语词 thing 意指集会或者在集会中汇合。海德格尔指出，一切物都在聚集。[2] 他举的例子是水壶，不过我们可以在中东新石器时代的陶罐制作中看到相同的聚集过程。例如，恰塔霍裕克遗址最早的烹饪陶罐将诸如耐火土（曾用于制作塑像）、容器（篮子和木碗）、水、火、火塘以及烹饪食物这些已有的想法和技术聚集在一起（图4.1）。制造陶器也有很多影响，例如更高效的烹饪，更多的活动也因此得以在室内发生。

事物间的很多联系就是操作链：即导致某种最终结果的行动序列。考古学家惯于研究这些行为过程的始末，从获取原料到制作工具，再到使用、维修、弃置（图4.2）。这些流程又被制作其他工具的进程隔断，制作陶器的操作链被制作轮子的操作链隔断，于是制作陶罐、烧制陶器等活动纠缠在一个复杂的关联网络中。再比如，镰刀与驯化植物的复杂操作链密切相关（图4.3）。

当然，物与物之间有各种形式的联系，包括生物的、社会的以及观念上的。我在其他文章中指出，各种类别的物，包括概念、制度甚至人类都应该纳入操作序列当中。[3]制度和阶级或政治不平等的观念会影响操作序列的呈现方式。第二章已经指出，进步的观念是主导19世纪世界各地的资本主义、殖民主义和帝国主义思想的一部分。观念自然可以转化为物，并与人造物产生复杂的纠缠关系。人类既能在地面上建造城堡，也能在观念中建筑空中楼阁。亨利·柏格森写

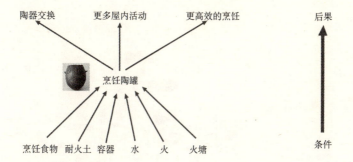

图 4.1　土耳其恰塔霍裕克遗址公元前 7 千纪时使用烹饪陶器的一些条件与后果。图片来源：作者

行为链与相互作用

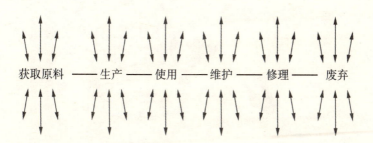

图 4.2　从原料获取到工具使用直到废弃的行为链或操作链，以及各阶段所需工具间的相互作用。图片来源：作者

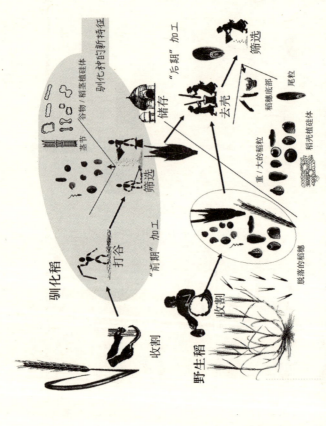

图 4.3 野生稻与驯化稻的加工过程；阴影部分表示驯化稻所需的额外劳动。图片来源：D. Fuller，"Contrasting Patterns in Crop Domestication and Domestication Rates"。经原作者允许后重制。

道："我们应当认为人类智能在非生物体尤其是固态物中也能适得其所，我们的行为在此中获得支点，我们的劳作有了工具；我们的概念在固体的模型中形塑，尤为重要的是，我们的逻辑是关于固体的逻辑。"[4] 一般来说，概念和物体显然都是确凿而固定的。但物（包括观念与制度）之为物在于关联性，在于独立性的缺失，在于实体间的联系。物不能同物的观念分离，反之亦然：当我们讨论轮子时，不同的定义和含义会指向不同的研究对象。作为物体的轮子依赖轮子的观念而存在，这种观念也离不开物质实体以及两者间的关联。

虽然本书中我主要讨论人造物之间以及它们与人类的关联，但我们需要注意观念、制度和人类本身就是物，并且参与到复杂的关联网络中。我的关注点是人造物或者叫人工制品，因为他们展现了人类整体的演化方向。尽管观念和目标促使人类朝着特定的方向发展，但物独立的能动性最终造成了演化的整体方向性。人造物既属于人，又与人分离，正是这种两面性造成了方向性的变化。观念、制度以及他人同样能够被"对象化"、"物化"，与人相分离，从而有了准独立的能动性。但第六章和第七章将表明，整体的方向性主要是在人与人造物相互作用的过程中产生的。

棉纺织

这里我暂且只想强调，物之为物在于将不同线索（包括观念、制度）汇集在一起。回到第一章中讨论过的棉花的例子中，从简单的纺轮到大型现代纺织机，纺织技术的进步体现了人类对物质的投入。[5] 但图 1.4 中对棉花纺织机器的线性演化图示太过简化（图 1.3 和 1.5 对轮子和收割机的展示也一样）。这些图表将对象"客体"化了，忽略了物的存在条件以及后果。但如果将它们视为"物"，我们就可以探索它们的关联性与依赖关系。在图 4.4 中我试着用棉花的例子展现更广泛的联系。

从久远以前缓慢发展的开端到当今巨大的全球化工业体系，棉花的故事总是与作物本身的属性紧密联系在一起。棉花生产包含了很多劳动密集型的工作程序：采收、纺线、编织。整个过程需要很长时间以及苛刻的生产条件才能让棉花本身的特性完全发挥出来。大约公元前 3000 年，最早的棉线在印度和秘鲁开始使用。随后一段时间，棉花却不怎么被用来制作衣服或作为贡品和通货，一部分原因是因为处理棉花以及制作棉质衣服过于复杂，因此中世纪晚期欧洲人多使用羊毛和亚麻。但后来意大利使用从黎凡特地区进口的棉

合成纤维
染料 杀虫剂 污染物
烘干 土地盐碱化

租户耕种
转基因棉花
煤油 信用
自由贸易
电报 甘地

帝国主义 进步观点
雇佣劳动力 火车
分成佃农制

轧棉机 管控
童工 零售商
铁质工具 品牌服饰
奴隶制 美洲原住民 无产阶级 工业资本主义

蔗糖 民族国家
船只 钟表 补贴
殖民主义 香料

印度平纹细布 供赋
货币

轮子
农业

制作
衣服

图 4.4 图 1.4 所示的纺织机器发展历程，同时增添两张图片以示纠缠所呈现的锥形扩张。图片来源：作者

花，开启了棉花工业时代，随后又传播至德国，此时棉花生产主要还是依靠乡村劳动力。而促使棉花生产的各个步骤流程在全球范围内分散开来的，是欧洲人通过武装贸易在全球棉花网络中投入资本和人力的意愿。16至17世纪，葡萄牙、法国、荷兰，尤其是英国通过东印度公司建立起海上贸易网络，商人在印度购入棉花，到东南亚交换香料，一部分也运往欧洲消费或者当作酬劳付给在棉花工场的奴隶，这些工场后来移至美国，建在原先的蔗糖工场上。一个真实的跨大陆纠缠系统就此形成。

亚洲、美洲、非洲和欧洲逐渐在一个复杂的商业网络中紧密联结起来。17至18世纪，英国的棉花产业只留有一小部分，但日益增长的棉花需求和奴隶贸易使得英国的棉花工场逐渐增多。后来，在1784年的曼彻斯特，新事物出现了。这种新机器——水轮——使用水车将加勒比棉花纺成线，开始剥削孤儿与当地工人。工业革命以及18世纪80年代英国棉花生产的扩张当然有很多原因，但水轮的发明一定是个至关重要的因素。

后来，人们开始在家中使用珍妮纺纱机纺线。水轮使大规模生产成为可能，而一种叫"连骡"（之所以这么叫是因为这些机器是水轮和纺纱机的组合，能像真的骡子一样干活）的精纺机的问世，则成为当代大型机器的基础。这些早期机器的影响相当可观。1780 年以前，英国工人相对高的工资使得制造业难与印度出口的产品竞争。但新技术下机械化的高效生产改变了这种局面，现在棉花生产成本很低，规模也不断扩大。劳动效率改变，薪酬制出现，铁路网络和钢铁生产等其他工业也受到影响。显然，我们不能说新的纺织机直接导致了工业革命，但它们对囊括新型经济、社会、政治制度的工业资本主义的出现意义重大。

这些机器促使大量人口涌入城市，也让他们的生活境遇每况愈下。为什么人们搬进城镇中从事乏味无聊且他们无法掌控的工作？部分是因为很长时间内圈地运动使得人们的土地归入富裕的地主名下，但部分也因为工厂和机械化棉花生产导致价格下跌，家庭手工生产再也无力与之竞争，所以我们可以说机器迫使人们进入工厂和薪酬制的工作中。机器也创造了大量财富——有钱的工厂主还获得了政治权力，这让他们能够进一步压榨工人，比如他们可以制定允许雇用童工的法律。不过工人其实也获得了权力，因为必须得有人运作这些机器，当代民主社会的权力与阶级因此孕育而生。某种意义上说，近现代社会的出现由机器驱动。

进入工厂工作对工人的健康造成危害，1753 年发生过针对棉纺织机器的袭击。1811 年和 1812 年，英国曼彻斯特外的城镇斯托克波特发生了袭击蒸汽纺织机的事件。政府宣布破坏机器为杀头大罪（国家代表工厂主出面干预），有人因此被绞死。工厂主逐渐依赖政府来镇压反抗。尽管如此，工人还是团结起来，为了更高的薪酬、更短的工时以及更舒适的工作环境而斗争。纺织工在 18 世纪晚期组建起工会。1867 年，大部分英国工人阶级获得了投票权。

在美国，新的工厂主阶级与南方种植园奴隶主发生冲突。很多英国企业家担心自己太过依赖美国南方高产量的原棉。南方控制棉花贸易的原因有很多：使用奴隶劳动力，通过屠杀或暴力驱逐印第安原住民获得大片土地，轧棉机的发明和普及以及信贷资金系统的发展。南北战争的部分原因就是南方对奴隶制的需求与北方企业家的敏感反应形成了冲突。

南北战争中断了廉价原棉向英国输送，美国奴隶制非法化后棉花生产也未能完全恢复。英国厂商转去印度，棉花生产中心转移至全球南方[①]。19 世纪后半叶，美国生产力水平急剧下降，很大程度上依赖联邦政府补贴。如今，在印度、

① 全球南方（Global South）指发展中国家，与全球北方（发达国家）相对。与"发达 / 发展中国家"相比，"全球南方 / 北方"更强调地缘政治中心的权力关系。

中国、西非以及全球南方的其他地区大约 3.5 亿人参与到全球棉纺织生产活动中，包括种植、运输、轧棉、储存、纺线、编织、缝纫。有些国家罔顾严重的环境和财政后果，强制要求农民制作棉制品。例如，在乌兹别克斯坦，种植棉花导致了土壤枯竭和盐碱化。农民必须种植转基因棉花，这种棉花更加昂贵，维护起来也更加费力，但产量更大，出售价格也会降低。因此，农民陷入债务和强迫生产的死循环中。2005 年一次歉收季节后，数以百计负债累累的印度农民喝农药自杀。每年 20 亿件 T 恤衫销往全球各地，制作这些衣服不仅要消耗大量的水和能源，同时也会产生淀粉、石蜡、燃料、农药等副产品，以及空气、土壤中的污染物。棉花产业的社会和环境代价并未消减，只是从奴隶制与雇用童工转变成化学污染和金融契约。

如今的全球棉花工业不再由制造商和生产商驱动，而是受大型零售店和沃尔玛、家乐福之类的品牌服装销售商推动。这些大公司可以轻易地转换货源，从而按照它们的利益决定生产和分配。其结果就是巨大的全球不平等。1995 年至 2010 年间，美国的棉花种植公司共收到超过 350 亿美元的政府补助。与此同时，2014 年贝宁共和国的棉农每天只能挣 1 美元，甚至更少。

我们可以看到，从珍妮机到水轮到精纺机再到大型工厂，机器演化发展的条件与后果在图 4.4 中构成了不断向外拓展的锥形。在纺纱机的例子中，这种圆锥的外延部分包括人类、人造物、制度、观念，还包括蔗糖、烟草、火车、钟表、电报、羊毛、亚麻、枪支、香料、钢铁、污染、船只、贡品、衣服、联盟、奴隶、儿童、美洲原住民、交易公司、企业家、零售商、债务、机器、薪酬制、城镇化、工业无产阶级的出现、工业资本主义、圈地运动、民族国家、政府、殖民主义等等。

我们不能认定纠缠关系增长所产生的各种后果之间协调一致，实际上，事情的发展可能会导致相互抵触。斯文·贝克特描述了棉花是如何将看似相反的事物融合在一起的：奴隶制与自由劳动、国家与市场、殖民主义与自由贸易、工业化与去工业化、种植园与工厂、殖民者与被殖民者。[6]17 至 18 世纪还有这样的矛盾：一方面是欧洲民族国家的法律规定和个人权利，另一方面是私有企业动用武力征服压迫世界其他地区的人民。更为基本的矛盾在于，并没有官僚、立法和警务资源管控全球贸易，因此这些国家把问题交给私企和军队。19 世纪中叶，种植棉花的美国南方采用奴隶制，这与北方新兴的关注人类生存环境的企业家阶级产生冲突并导致了奴隶制的废除。当下，很多人宣称他们关心环境和社会问题，但仍然穿着 T 恤衫，这些衣服维持着全球贸易，其间满是不平等、贫困以及环境污染。

至此，我们可以管窥后文将详述的观点：诸如棉花纺织机之类事物的演化是由外部各种纠缠及其彼此的冲突导致的。数千年间棉花生产保持在较低的技术水平上，这大概是因为棉花相比于羊毛和亚麻更难处理。18 世纪晚期的奴隶制、机器、全球贸易和殖民主义的结合让人们意识到小小棉花的潜能。外部纠缠间的相互矛盾推动了事物的演化发展，例如 18 世纪晚期英国工人的相对高工资与印度工人的低工资和低生产力发生矛盾，导致了水轮的发明；工业革命期间英国乡村地区制造的棉花无法与城镇的机器制造竞争，这种冲突导致了城镇移民以及城镇工人阶级的形成，他们需要不断工作，进而促进了纺织生产的扩张，催生了更大型、更高效的机器。

火的例子

物之为物，从棉花和棉纺技术来看极为分散和复杂。棉纺织的过程从一团长短不一的纤维开始，先要将数量适宜的纤维排列在一起，然后将它们搓揉成纱线。但这些纤维的影响会拓展到其他方面，与它们纠缠在一起，整个纠缠网络十分复杂，很难将其完全梳理清楚。在安娜·秦（罗安清）对松茸的讨论以及蒂莫西·米切尔对民主与化石燃料关联的分析中，可以看到同样复杂的全球化纠缠关系。[7]

至少在最早的阶段，生火这件事显得简单得多。如果用一张图来展示早期史前社会中由生火串联起的事物，这张图相对来说会更简明清晰。摩擦两根木头就可以生火，我们只需要用手在一块软木上搓一根硬木，加上一些干草，轻轻吹燃火星就能生火。

从较长的历史时段来看，我们可以追溯人类生火和控制火的历史，从早期用火烹饪食物，到制作陶器、金属、玻璃、石灰、水泥、蒸汽船、内燃机、煤气灯、燃油中央制暖，还有从木头和粪便到煤炭、石油、电力、核能等燃料和热能资源的需求。显然，这也是人与物纠缠关联的长期例子。

不过早期用火可以为我们提供探索物之所以为物的简单关联背景。考古学家很难区分意外着火与刻意生火，很多早期人类用火的研究都有争议。弗朗西斯·伯顿认为用火始于600万年前人猿分化时期，随后人们对火逐渐熟悉，直至现代人能够控制火。然而，理查德·兰厄姆认为最早的用火或许始于 200 万年前直立人时期，但我们能够确证的人类用火行为出现在 79 万年前，地点在今天以色列的雅各布津渡 ①。考古学中其他早期用火的例子还有位于英国的距今 40 万年前的山毛榉坑 ② 遗址以及同时期的德国舍宁根遗址。此后，得到确证的人类用火现象常常与尼安德特人和智人联系在一起。[8]

很多研究者认为火对人族的早期演化意义非凡。例如，伯顿认可较早的用火年代数据，他认为"接近火拓展了光亮时间，也完全改变了人类受光暗影响的激素循环"。人类繁衍的生理机制发生了改变。此外，"火光抑制了褪黑素分泌，从而增强了记忆形成"。[9]但有关火的重要性的最全面论述由兰厄姆提出，这种重要性不仅体现在生物层面，同时也体现在社会、经济层面。

兰厄姆注意到火使人体从食物中可获取的能量增多。相较于我们的猿类表亲，人类的消化系统较小，但这些小小的器官却能高效地消化烹饪过的食物。同黑猩猩及其他猿类相

---

① 雅各布津渡是约旦河的一处浅滩，该地在中世纪为重要渡口，因河上的桥得名"雅各布桥的女儿们"（Gesher Benot Ya'agov）。
② 山毛榉坑（Beeches Pit），位于英国东盎格利亚地区萨福克郡。

比，人类的嘴和牙齿都很小，下颌力量也较弱，这都是烹饪导致的。烹饪为我们提供了更柔软也更易消化的食物、更高的卡路里密度以及低纤维素。

兰厄姆引用了罗宾·邓巴的研究，该研究表明脑容量越大或大脑新皮质越多的灵长类动物更容易群居，拥有更多的亲密社会关系，也更能有效地与同类组成联盟。[10]大脑发育需要大量能量，人类饮食结构的调整为大脑发育提供了足够的条件。消化器官越小的灵长类一般拥有更大的脑容量，因此"在肠子上花费更少能量的灵长类能为脑子留出更多能量"。[11]莱斯莉·艾洛和彼得·惠勒认为人类脑容量的增加可能与饮食质量有关，兰厄姆则认为饮食质量的提高归功于烹饪技术。尤其是在旧石器时代晚期，火塘、炉灶、容器等技术的发展提高了烹饪效率和饮食质量，支撑起人类更大的脑容量和更强的社交能力。

围聚在营火旁往往受到那些容忍度更强、渴望他人陪伴的人的青睐。分享火资源也有利于开展社交行为，尤其是在生火困难的环境中。在很多社会中，火塘和火是社会和家庭活动的中心，常常有象征和精神上的意义。兰厄姆列举了一系列用火的可能后果，比如震慑捕食者，但他论述的核心在于烹饪。比如，烹制后的食物更加松软，这意味着人们不需要花大量时间咀嚼食物，省下的时间能完成其他工作，这又进一步导致了劳动性别分工。男人花费更多时间狩猎，女人需要男人保卫食物。另外，烹制后软糯的食物可以让孩子更早断奶，家庭规模得以扩大。

兰厄姆总结道："烹饪提升了食物的价值，它改变了我们的身体、大脑、时间分配和社会生活"，但也让我们"离不开燃料"。[12] 因此原本生火涉及的简单关联很快拓展为更广泛的纠缠关系，包括文化、社会以及经济、意识形态和生物属性，这些事物聚拢在用火周围。人类一旦演化出更小的消化器官和更大的脑容量，就离不开烹饪。一旦他们迁移至极冷的地区，他们的生存就离不开火。大约5000年前死于阿尔卑斯山的冰人奥兹，其随身物品中有一些有趣的物件，其中之一是一个工具袋，里面有用作火绒的树菌和用来打出火星的黄铁矿和燧石。[13] 他还带了一个用桦树皮做的容器，装着木炭和枫叶，可能是用叶子包裹灰烬以便运输。照料维护火源，尤其是探寻燃料是史前人类生活的重要组成部分。火可以用来保暖、烹饪、清理地面，后来又用于制作陶器和金属、提供运输和其他形式的能量。人类越来越依赖火，但同时也需要处理其负面影响。我们常常用人类纪这一术语来指称工业活动对全球环境造成严重影响的时期，这一时期一般来说始于 19 至 20 世纪，伴随大规模工业的兴起。不过我们也可以认为人类纪始于人类最初对火的使用。[14] 随着时间的推移，烧火导致了大规模的森林砍伐以及泥炭、煤、石油的开采，导致了严重的环境改变。我们已经离不开火了，但我们的需求迫使我们付出更多的工作以照料火源。

为什么我们只见对象不见物

我之所以反复重申物之间的关联，是因为我们常常对它们视而不见。当我们在圣诞过后将树上的灯串取下时，它们常常会缠在一起。如果电线老化，有时候其中一个小灯泡坏了，整个灯串就无法点亮。由于各种原因，美国人每年会丢弃大量灯串，这些丢弃的灯去哪儿了？很多去了中国南方的石角，那里的工厂每年进口加工 220 万磅废弃圣诞树灯。廉价劳动力和较低的环境标准让这个小镇成为回收灯泡的重要中心。直到近些年，石角的很多工厂直接焚烧这些灯泡，熔化塑料，回收铜丝，同时排放有毒气体。如今，亚当·明特告诉我们这些工厂开始使用更清洁的处理方式。[15] 当中国人大量购置汽车时，油价上涨，同时原油制成的塑料价格也开始上升，回收塑料因而变成很有价值的替代方案。人们不再为了获得铜丝焚烧塑料，而是想办法将其剥下，再次利用。这些灯泡被放进搅碎机中搅动，随后工人将搅碎的物质混着水放在震动台上以分离出不同的材料。回收得到的塑料质量足以制作拖鞋鞋底，回收的铜则被制成管道、电线插头和手机部件。

制作和回收圣诞灯为全世界提供了很多就业机会，它们也是全球宗教、商业、贸易、生产（包括拖鞋和管道）整个异质性网络的一部分。我们可以不用这些灯泡，它们耗费了大量资源，废弃的垃圾也会造成污染。但为了每个人的利益我们还是会继续使用它们。圣诞灯只是经济发达国家向外输送垃圾及其相关脏活累活的一个例子。那些依赖圣诞灯的人不愿停止制作、使用、回收，尽管这个过程产生了污染和资源浪费，甚至维系了全球的不平等状态。

我们对诸如污染、廉价劳力、极差的工作环境等视而不见的原因之一，在于很多人离这些事情很远。当我们无辜地站在凳子上挂起圣诞灯时，我们不会意识到这个行为背后人类创造的全球范围内的纠缠网络。中国以及其他正在崛起的国家利用可回收物获取利润——不仅仅是圣诞灯，还有电视、汽车、手机、纸张、卡纸等等。我们确实回收垃圾，但我们也草率地涌向各种物品，并努力说服自己这种行为并不会造成全球范围内的各种后果。例如，我们给新式数码技术全都奉上不切实际的名字："轻""云""网"等等，然而实际上它们背后是布满电线的大楼、巨量能源消耗、廉价劳动力以及排放有毒物质的生产与回收过程。如果我们计算一下无线连接、数据存储、充电等各种消耗，一部苹果手机每年会耗费约 361 千瓦时的电力，而一台中等体积的低能耗冰箱每年只消耗 322 千瓦时。[16] 这些消耗并不完全来自手机本身，而是整个维持手机运作的巨大系统：每周 7 天每天 24 小时运作的电脑和服务器、防止服务器过热的空调系统、建造这些机器的生产部门以及维持宽带网络而不停运转的电力系统。马克·米尔斯估计全球通信技术系统每年共消耗 1500 万亿千瓦时的电能，相当于日本和德国年发电量的总和。[17] 煤炭仍是美国发电厂的主要燃料，因此米尔斯"云技术始于煤炭"、手机加剧全球变暖的说法不无道理。

我们看不见手机和社交网络造成的能源消耗，也看不见 T 恤衫或圣诞灯背后的全球关联，但这些关联至关重要。视而不见并不能解决因此造成的环境和社会问题。

这些后果离我们很远，但出于一些与发达国家资本主义历史紧密联系的其他原因，我们仍需要关注这些后果。世界上大部分宗教都指出了太过迷恋物质财富的危险，同样，各种普罗米修斯、亚当夏娃、玛丽·雪莱的弗兰肯斯坦、瓦格纳和托尔金的指环等诸多神话和故事都警示我们渴望物质与技术的危害。但自 18 世纪以来消费主义盛行，炫示财富、竞争奢侈品的现象成为常态。[18] 消费主义的兴盛最初与茶叶、咖啡、蔗糖、郁金香和棉花贸易相关，后来又跟超需求消费联系起来。精英阶级自古就有炫耀珍贵奢侈品的惯例，但消费主义让他们开始竞相购买最新颖潮流的衣服、家具、手表、装潢和其他商品。尽管新教教导人们不要追求这些，尽管这种肤浅的追求受人诟病，但幸福的定义已开始朝这个方向转移。

消费主义的起因十分复杂，并且各种因素纠缠在一起。[19] 这些因素包括财富累积、全球贸易、军事控制与奴隶制、启蒙运动的影响、世俗主义与浪漫主义的兴起、工业化、人口增长。毫无疑问，一个重要的因素是 19 至 20 世纪资本家对生产过剩的忧虑。在这种情形下，广告推销、刺激消费显得十分重要。大众市场让人们相信他们的身份地位和幸福生活取决于满足他们欲望的对象。人类的生存于是同作为对象的物绑定在一起。（欲望的）对象必须与生产链条相分离，与不平等、环境污染、艰苦劳动和大量浪费相分离。除了一些例外，比如反对购买象牙和血钻的运动，对于其他大部分商品如手机、圣诞灯、拖鞋、管道，我们在购买过程中不会考虑其全球性的影响。我们只看见对象，渴求它、努力获取它，我们在黑色星期五和圣诞节次日打折期间疯狂地涌入商店抢购商品，在此过程中我们却无法看见广泛联系的物，只剩下孤零零的对象。生产商和销售商为了利益让我们看不见物之所以为物，让我们相信只有对象是重要的。

物的联系

广告、社会压力以及我们自身的欲望促使我们只关注单个的商品而不见其背后的因果网络。但将物仅视为对象加以研究是否可能？美学意义上说是可以的：我们可以模仿马塞尔·杜尚把一个轮子放进博物馆，用聚光灯照射它，再为它写个标签。这不就是物作为对象的实例吗？考古学家和物质科学家可以分析制作木轮的技术、识别木种，还能根据年轮断定轮子的年代。他们能用显微镜上的数码相机记录特定轮子上的使用磨损痕迹，这些痕迹让我们能将这个轮子与其他轮子区别开来。这难道不是在研究对象本身吗？

当然，的确如此，但这些行为的发生实际上依赖其他物。博物馆本身就创设了一个我们关注轮子的背景，照射灯将它与其他轮子区分开，但这种区别也依赖灯光、展柜和标签。标签或许会比较这个轮子与其他轮子，从而展示轮子的演化史。科学分析需要仪器，研究过程需要各种观念、理论的交互网络。物依赖各种不同的其他物。

因此物是彼此关联的。在本章中我解释了现代资本主义是如何训练我们将物视作满足欲望的对象，让我们感觉充实、快乐。我们以为我们很了解物，知道它们能为我们做什么。我们知道可以利用物送我们上月球、建造核反应堆、敦促我们工作。我们以为能控制物，但物往往不受我们的控制。我们渴望它们，尽管它们加剧了环境破坏、社会不平等。物引领我们的演化轨迹，但我们难以挣脱。火焰一旦燃起就很难熄灭，我们已经变成了被缚的普罗米修斯。

第五章　依附网络

　　接下来我想把话题从网络转向纠缠，这意味着讨论的重点从联系转向依赖。上文已经展示了包含依附关系的人与物的关联，人类使用火，但这种使用导致了一种生物上的依附关系，从生理学甚至解剖学的角度看，人类离不开烹饪。这种依附同时也发生在社会层面，人们会聚集在火塘周围，这有利于社交活动的开展。这种依附还渗入概念，人们构建了关于火的诸多神话传说（如盗火的普罗米修斯），创造出关于火塘、炉灶、熔炉等物的故事。人们使用棉花，虽然有人会说我们并非真的离不开棉花，毕竟我们可以使用羊毛和亚麻，但第四章中棉花的故事显示大量财富以及诸如工业革命等全球运动确实依赖棉花以及机器。人们并不真的需要圣诞树灯，但这些灯的生产、消费、废弃却雇用了很多工人。

"依赖"这个词可以表示依靠、需要，显然人们依靠物，我们总希望物就在手边以备使用并且能正常运作。人们依靠工具、机器和建筑，还依靠语言和符号来沟通交流。但依赖也意味着没有这些东西人就无法存在，人无法独立于物。显然，我们依赖食物和水；没有衣服和住处，我们无法在严寒酷暑中存活；没有物我们的感觉也没有了对象；没有语言和符号我们无法思考；没有物、人或制度，我们也就无所谓爱和恨。如海德格尔所展示的，人类总是与物共生。[1]人类的思考和观感总是关于物。我们依赖火和圣诞树灯来点亮冬日的昼夜、烹饪圣诞佳肴。我们依赖轮子去往我们想去的地方，依赖齿轮来建造机器。我们的社会和经济无法离开有轮交通工具和机器来修建道路和建筑。

"依赖"这个词对纠缠理论而言还有其他含义。名词"附属国"指受他国控制的地理单元，通常会受到宗主国及其利益的限制。心理学上的"共依存症"表示某人依靠另一个人的支持来维持自身的毒瘾、赌瘾或其他不成熟、不被社会认同的行为。① 在这些例子中，依赖这个词往往有限制、束缚的负面含义。一个人的发展会因另一个人而受限制，物

---

① 附属国（dependency）、共依存症（codependency）二词对应的英文词干均为depend（依赖）。

也是一样。我们依靠棉花、火之类的物，但我们也受限于它们导致的环境和社会后果，如燃料或资源消耗以及严重的社会不平等。我们依赖汽车、圣诞灯和智能手机，但也因此陷入负面的环境和社会关系中。

依附关系因此便是一种双重约束：人类依赖于依赖人类的物；人们一方面依赖物，另一方面又不得不照料物。植物驯化是个很好的例子，这又回到了第一章中讨论的镰刀上。我们知道燧石和黑曜岩制作的镰刀最早于公元前12千纪在中东被用来收割芦苇和莎草，公元前9千纪后又被用于农业收割。图1.3和4.3展示了镰刀是如何与种植作物的操作序列关联在一起的。收割方式本身也导致小麦、大麦基因的重要改变，收获和播种的过程会选择那些穗轴坚硬的品种，以使谷子不会像野生品种那样自动脱落。因此，人们需要付出额外劳动来获取谷子。图4.3显示，这些额外劳动包括打谷和筛选。[2] 此后，他们就陷入了人与物的依附网络中。他们依赖收割工具和谷物来从单位面积的土地中获取充足的能量。物也依赖其他物：例如，燧石要想做成镰刀必须要有木头、鹿角或牛羊角把手，还要黏合剂。这些物也依赖人，人类会修理镰刀，让它们保持锋利，也会获取燧石、黑曜石原料。那些无法自动脱落的驯化作物也依赖人类，它们不太能自我繁殖。人们也依赖其他人以通过交换网络获取黑曜石或是耕耘、收获、分享谷物。因此，依附网络或纠缠网络通过各个方向扩散开来：人依赖人、人依赖物、物依赖人、物依赖物，我们可以把这四种关系简写为 HH（人－人）、HT（人－物）、TH（物－人）以及 TT（物－物），可以通过鸦片的例子来观察这四种关系。

鸦片

鸦片背后的悲惨故事表明，人类为了积极目的而依赖于物，可能会产生悲剧性的后果。围绕鸦片的正面依赖和负面依附网络导致了毒瘾、战争、刑罚、犯罪和恐怖主义。毒品依赖是十分明显的人－物依赖案例，这个案例有助于我们评估人－物依赖的范围和本质。如果我说人们依赖于物就像瘾君子依赖毒品一样，这样或许有些夸张。不过我们确实没法离开它们，我们的快乐、身份认同和自我意识全都依赖物。这样，不就可以说我们对物上瘾吗？

野生罂粟的变种生长在地中海和安纳托利亚地区，驯化的品种主要是 *Papaver somniferum*（拉丁学名，意为"催眠罂粟"),不过也有其他不同变种。鸦片要从罂粟籽荚中提取,而且收割工作十分繁重。全部工作必须手动完成,且需要一定经验和熟练度。人们需要挤压、划开或者刺开籽荚以获取汁液,然后将鸦片烘干成黏胶并加以贮存,最后将其在水中烹煮、过滤、晾干。

已知最早的驯化罂粟出现在新石器时代的欧洲,研究者推测这些罂粟籽被用作食物(罂粟籽油),汁液则能助眠。[3] 苏美尔人种植罂粟,而且公元前 7 世纪的亚述文献中将鸦片列为很多病症的常用药,公元前 2 千纪的埃及文献中也有这样的记载。希腊人将它用作安眠药和治病的药物,并认为它具有精神与宗教能量。罗马人也用它助眠,不过也将其用作毒药。

大范围鸦片贸易始于中世纪早期,阿拉伯商人将鸦片贩卖至伊比利亚半岛、印度和中国。公元 16 世纪的欧洲仍将鸦片用作药物,不过有明确证据表明那时已存在毒品成瘾现象。鸦片被用作手术麻醉剂,17 至 19 世纪它还与酒精或葡萄酒混合制成鸦片酊。18 世纪晚期至 19 世纪早期,鸦片引起了浪漫主义作家的兴趣,他们用鸦片催生不受束缚的激情、想象和自发性,柯勒律治和伊丽莎白·巴雷特·勃朗宁用过鸦片,或许济慈、沃尔特·司各特爵士、拜伦、雪莱和波德莱尔也用过。

在这些年代，过量服用鸦片造成的毒瘾、副作用和死亡并未受到重视，但到 1860 年，英国开始了公众健康运动，医学界将鸦片列为有害毒品或毒药，并更严格地管控鸦片使用。19 世纪晚期，人们通过立法限制鸦片获取和使用，但情形因为吗啡的使用问题变得更加严重。19 世纪早期化学家就尝试分离鸦片中的生物碱以获取吗啡，1827 年就已投入商业使用。19 世纪 50 年代，人们将皮下针头与注射器的概念结合在一起发明了皮下注射器，这极大地拓展了手术中吗啡的使用，但这也导致了更严重的成瘾后果。

19 世纪晚期，一种更危险的致瘾鸦片毒品出现了。海洛因并不是鸦片自然产生的生物碱，但却是从鸦片中提取的。最早买卖海洛因也是为了医疗使用，但它制作简单，所需剂量又很小，可以通过皮下注射或者药片进入人体。1910 年海洛因的致瘾效果已经为人所熟知，因此相关部门开始控制其获取途径。毒品买卖成为地下产业，全球范围内的非法交易迅速扩张。

鸦片及其衍生物最严重的后果是对东亚、南亚的殖民扩张。公元 1 世纪中国就开始种植鸦片，不过规模很小。北美的殖民者推广了烟管的使用，荷兰东印度公司的水手则最早将鸦片放进烟管中。马丁·布思在《鸦片史》一书中写道："这导致了历史上最邪恶的文化交往活动——中东的鸦片遇上了美洲印第安原住民的烟管。"[4]19世纪早中期，英国东印度公司仔细打理与中国的鸦片贸易。19世纪早期清政府禁止了鸦片进口，但英国东印度公司与英国政府勾结，将中国视为鸦片市场。

东印度公司控制了印度的鸦片生产，但并不打算在那里销售，因为它会对工人造成不良影响。因此，公司决定重点将鸦片销往中国，罔顾清政府的相关禁令。于是，公司以棉花为幌子在中国非法售卖鸦片，给中国人民带去巨大痛苦和毒瘾。19世纪40年代至60年代，为抵制鸦片贸易，中国陷入了战争。这些战争造成了广泛的纠缠，涉及"一个帝国的毒瘾以及另一个帝国的腐败"，[5]其中一个结果是香港在日后成为重要的贸易中心。[6]

19世纪50年代以来受帝国主义和鸦片牵连的其他地区包括巴基斯坦西北部边境省，以及老挝、泰国和缅甸交界处的金三角。美国政府试图阻止共产主义在亚洲的传播，中情局于是在金三角扶植当地领袖，其中包括那些种植、贩卖鸦片的人。布思告诉我们，"中情局与金三角的鸦片贸易紧密联系在一起，协助鸦片寄售和走私，包庇犯罪行为"。[7]鸦片贸易还与军火和黄金贸易相关。中情局帮助（他们用来阻止共产主义渗透的）赫蒙族人通过美国航空运送毒品，这家运输公司隶属中情局自身。在越南，法国通过鸦片交易获取与越共作战的资金。同时，大约50万美军的进驻扩大了鸦片交易的规模，士兵们渴望高质量的海洛因，金三角的精炼厂供货，由老挝和越南军方空运至战争地带。1971年，该地区大约10%到15%的美军士兵对海洛因上瘾。

此后金三角仍是全球重点鸦片生产地，不过1978年的干旱使得生产逐渐转向巴基斯坦和阿富汗。1979年中情局在阿富汗开始秘密军事行动，与阿富汗穆斯林游击队一起抵抗苏联。这些游击队开始种植鸦片，而据说中情局促进了金新月地区的鸦片生产，至少他们对这种现象睁一只眼闭一只眼。鸦片生产配送由科西嘉犯罪组织控制，这些组织与黑手党和法国贩毒网有联系。1962年至1990年，世界海洛因生产规模扩大了三倍。布思写道："全球毒品贸易的复杂程度前所未有。参与其中的玩家越来越多，资源越来越丰富，品种也越来越多样，因此，问题也变得愈发棘手。"[8]1995年5月，联合国估算全球有4000万到5000万瘾君子依靠金三角和金新月地区生产的海洛因过活。

鸦片制品如今已成为毒品恐怖主义的支柱，毒品交易又实现了恐怖组织的目标。毒品被用于购买军火以及买卖非法文物。每年全球毒品贸易涉及的洗钱金额达到 5000 亿美元，其中美国占 3500 亿。布思在 1995 年出版的书中写道："减少罂粟种植需要很多经济和文化上的援助，并且开销巨大。"[9]1993 年美国援助哥伦比亚抵制毒品花费了 7300 万美元，这还只是一个国家一年的开销，我们还很难确定这笔钱没有被贪污。即便我们可以在某一个国家完全铲除罂粟栽种，其他国家也很容易重新开始种植。毒贩构成了世界上最有影响力的特殊利益群体，他们的经济实力强大到可以让一些小国瘫痪。在很多国家，毒品带来的收入超过政府财政收入。

总的来说，罂粟的故事中也包含了人类对物的依赖，这种依附关系导向了对可供性的长期而渐进的实现和控制，也导致了更深程度的纠缠，让更多的事物关联在一系列的条件和后果链中。那些想要止痛或是让啼哭的孩子平静下来的人本无可厚非，对很多农民而言，罂粟也是收入的重要来源，惧怕死亡的士兵通过海洛因减轻痛苦。但当这些依附关系与殖民产业纠缠起来，就会催生全球性的非法贸易。在美国，抵制毒品的攻坚战导致了监狱经济的膨胀。戒除毒瘾通常需要服用其他鸦片或类似鸦片的药物以减轻戒断反应的痛苦。

吗啡被发明后就成了鸦片的替代品，后来海洛因又取代了吗啡。这完全是条死胡同，不论是在病房里还是监狱里，这种依赖关系都有负面影响。人类似乎完全陷入鸦片的泥淖中无法自拔。

毒瘾可以被定义为强迫性使用毒品的行为，并且人在停用毒品时必然遭受痛苦的折磨甚至面临死亡。鸦片依赖远非一种习惯，而是一种生理需求，它们像食物和水一样成为瘾君子生存的必需品。因此，在这个案例中，人依赖鸦片（人－物），但物也依赖其他物（物－物）。鸦片使用的增长得益于皮下注射器和烟管的广泛使用，同时也得益于整套医学和药品使用的知识，也得益于船只、枪炮、茶叶和棉花，这些物又卷入了鸦片战争。这些事物的相互依存也离不开人类的栽培、种植、新品种的研发、贸易和使用（物－人）。人们也离不开其他种植、生产、交易、使用这些毒品的人，他们相互压榨，相互征服（人－人）。但人与人的互相交流也需要利用物，因此我们又回到了人－物纠缠上。在人与物之间各种形式的纠缠关系中，既有促成性的依赖，例如种植鸦片的收入或止痛的效果；同时也有抑制性的依附，例如鸦片会导致功能失调，并将人引向犯罪和监牢。

纠缠

根据上文所列举的例子，我想给纠缠下一个更明晰的定义。在口语中这个词有很多含义，字典将其定义为一团缠绕在一起的线绳，人们通常将纠缠理解为某种复杂的、淤塞的东西，一些杂乱的、难以理清头绪的物体。纠缠往往意味着多重线索，它们在多个接头处交织在一起。

纠缠的观念同样出现在不同学科的学术争鸣中。生物学家常常会引用达尔文《物种起源》结尾的著名句子："凝视事物纠缠的河岸，诸种草木杂生，群鸟鸣于丛林，昆虫飞舞其间……何其有趣。"[10] 很多生物学新研究关注人类、植物和环境间的协同演化和共生关系。第二章中提到拓展综合演化论设想文化和基因并不完全分离，而是在表观遗传或者其他过程中互相交融，因此文化和生物也完全纠缠在一起。但这个词现今最有影响力的领域应该是量子理论，它被用于描述两个或多个物体彼此联动的状态，这种联动甚至不会受地理距离的限制。这意味着一个物体的移动不能仅仅依靠当地周围的状况来预测。

在哲学中，吉尔·德勒兹和菲利克斯·伽塔利的作品很有影响力，他们努力改变等级划分的分类系统，而强调实体间如同植物根茎般的勾连关系。[11] 他们并不试图寻找事物的起源和主要或次要的原因，而是敦促我们关注事物相互关联的复杂方式。近几十年来，人类学和认知科学也开始关注关于自我的观念和意识如何分散在身体之外。例如，玛丽莲·斯特拉斯恩探讨过"链接状态"或者说分布式人格。斯特拉斯恩所谓的"链接"与波利尼西亚和马拉尼西亚文化有关，在这些地方，人被当作"可分割的个体"或"可分割的人"，他们是社会活动链条的产物，因此社会人格与个体人格之间并没有决然的界限。[12]

萨拉·纳托尔在关于现代南非的研究著作中描述了黑人和白人在历史上的纠缠关系。[13] 白人越是掠夺黑人，这两个种族间的相互依赖就越强。在依赖黑人的过程中，白人树立起一种关于分化与差异的意识形态——种族主义。实际上，纳托尔描述了一种相互依赖的关系，她反对殖民者与被殖民者、宗主国与殖民地、中心与边缘、统治与抵抗间的简单对立，转而提出一种纠缠关系或者"网络，其间包含着一种交错组合的观念，一种模式与情态的复杂态势，一种能够沟通交互的薄膜"。对于考古学家而言，更有影响力的作品来自尼克·托马斯，他认为西方与非西方间人们相互纠缠于权利与义务的交织组合中，殖民社会的人们在物品交换过程中彼此依赖。"纠缠的观念旨在厘清全球不平等和地区差异的辩证关系。"[14] 托马斯并不将欧洲与原住民、全球与地方、资本主义商品和互惠主义赠予、统治与抗争对立起来，而是寻求一种对殖民复杂性的更为准确的历史描述。[15]

当然，更广泛的影响来自物质能动性和物质性的研究。自 20 世纪 80 年代以来，很多考古学家在皮埃尔·布尔迪厄实践理论的影响下主张人类会在达成社会策略的过程中主动利用物质文化。物质能动性和物质性研究对考古学影响深远，它要求考古学家将人和物视作能动者，这也引起了关于物质作为能动者含义的讨论。这种讨论的成果之一是对以人类为中心而忽视物质的社会理论的批判。有些学者提倡一种关联考古学，认为身份认同与因果关联是分散的，或提倡对等性考古学，主张人和物在考古学中应具有同等地位。[16]

对等性考古学受布鲁诺·拉图尔作品的直接影响。拉图尔的社会 - 物质网络研究影响了考古学中的物质纠缠路径，不过我们会在后文看到网络和纠缠是两种差异颇多的观念。社会学家倾向于将人类社会理解为人际关系的总和，但拉图尔、约翰·劳以及卡琳·诺尔 - 塞蒂娜开始关注引擎、测量工具、实验室探测仪如何在构建社会关系的过程中发挥能动作用。他们不仅研究实验室科学知识的生产过程，也将这种类似的社会/物的过程推广到更多领域。他们关注诸如 ARAMIS 之类的大型铁路运输计算机系统，也关心移液管、设计图纸、电脑屏幕之类的小物件。这种研究进路一般被称为行动者–网络理论，其研究目的是批判那些貌似确定、实则本质上是二元论的东西，例如真理与谬误、能动性与结构、人类与非人、前与后、知识与权力、背景与内容、物质性与社会性、主动与被动。[17]并不是说这些区分不存在，而是说这些区别是特定人与非人能动者关系的产物。"他们并不是按照物本身的顺序产生的。"[18]拉图尔乐于研究某物存在的必要条件，他并不把物看作自足自在的东西，物需要一定的"同盟"和"附庸"。

蒂姆·英戈尔德的民族志提供了另一种关联性的路径，他研究人和物在实践中互相构建彼此的过程。[19]他探究了物如何在与人类及其认知的关联过程中不断改变：环境并不是静止的空间，而是人类于其中居住、迁移的景观；一块砾石因其干燥或潮湿而产生不同；篮子因人与芦苇的不断交往而被发明。卡伦·巴拉德发展了一种"能动实在论"的理论，她认为物并非先存在然后互相发生作用，它们正是在整体的内部活动过程中产生的。因为一切都与其他事物纠缠在一起，因此当我们观察某物时，我们不得不区分内外，区别哪些紧密相关，哪些关系不大。这样看来，实体所谓的边界都只是临时构建的。实际上，并不存在单独实体间的互动，只有整体上的行动，即整体内部活动。[20]

考古学家很早就开始研究物的物质属性，科技考古学致力于研究物被制作、使用、遗弃过程中的化学、物理、生物学分析。他们也关注物的原料获取、加工制作、使用及抛弃的操作链。尽管这些手段可以有效地回答物如何彼此关联的问题，但却很难解释物与社会的关联。整体而言，物只被视作人类行为的对象，而非共同构建社会的主体。[21]

纠缠理论的关键思想就在于人类依赖于依赖人类的物。换句话说，我们赖以生存的物很难自我增殖，因此在我们愈发依赖它们的过程中，它们也愈发依赖我们。这种依赖关系因为物之间的彼此依赖而增强。

受拉图尔行动者－网络理论以及英戈尔德影响的学者关注关系网络。[22] 尽管纠缠理论受到这些理论的影响，但它还是与众不同的，因为它关注依附关系，包括物质间的依附，这种关系使万事万物彼此密不可分（一个齿轮、一条绳索、一个瘾君子或是被缚的普罗米修斯）。纠缠理论不是简单地辨别网络间的联系，而是要求我们关注构成这种关联的复杂的纠葛关系。我们还可以将纠缠定义为依赖关系（通常能催生其他事物的发生）和依附关系（往往限制事物的发生）。人和物、人和人、物和物彼此依赖、彼此成就。但依附关系处在连续的边界和限制的张力中，因为物和人会达到资源、物质或社会的界限，这种界限随后又会被新的依赖关系超越。因此，我们可以将纠缠定义为依赖和依附的辩证关系。网络与物流之中，存在着一种"不能自拔"。

上述纠缠的定义问题在于，它似乎将物和人、主体和客体以一种非关联的方式割裂开来。人类总是弥散在世界中，不存在脱离人类社会和文化的环境。我们很难离开人类干预讨论物–物关联，或者脱离物讨论人–人关联。人类也是物，在整个纠缠中区分物–物、人–人、物–人、人–物依附绝非易事。纠缠更令人满意的定义是它囊括了作用力与反作用力的复杂关系，这种关系产生、束缚、包含所有实体：人类、动物、物、观念、社会制度。桌椅可能看上去稳定不变，但它们也会逐渐腐烂枯朽；稻谷和鸦片则不停地改变形式与功能；轮子的功用延伸到马车、役畜、道路以及政府中。最终，我们只剩下物质、能量和信息的流动。通过辨认各实体及其相互依存关系，纠缠帮助我们理解这些流动。但我们仍要注意，在这种描述背后，实体本身也是从这种流动中诞生的。鸦片总是某种特定历史背景的产物，它正是在包含它的这种流动中孕育而生的。

纠缠中的车

关于这种依附关系网络和纠缠，尚需强调两点。第一，它们是异质性的。它们囊括了海量的物，实体的和形而上的，社会的和经济的，无机物和动植物。鸦片串联起来的物就包括枪炮、船只、茶叶、棉花、注射器、烟管、飞机、环境、殖民主义、帝国、政府以及对共产主义的恐惧。行动者 – 网络理论和新唯物主义训练了我们关注各种集合体的复杂本质，但我们仍需要强调纠缠不只是简单的网络，它还是依附关系集合。

第二，纠缠是没有边界的。纠缠理论是激进的非还原论。例如，我们在鸦片的例子中可以看出，远在美洲的烟管制作将影响它们在中国的使用。注射器的发明导致英国鸦片使用量的增加。这些"量子效应"可能很极端：越战增加了金三角地区的鸦片产量，阿富汗战争赋予科西嘉毒贩新身份。当然，我们试图通过监禁毒瘾者、毒品非法化、使用美沙酮处方解决美国毒品使用量上升的问题。但这些方法都不甚成功，从纠缠的角度看，原因在于这些方法只针对整体纠缠的一小部分。整个故事里没有单独的反派，不管是生产者、贩毒者还是使用者。毒品问题弥散各处，并没有明确的边界。

同样，轮子的纠缠也没有边界。假设你想买辆新车，一辆环保的车，价格不是你的主要考量因素，你在一辆油电混合车和纯电动车之间犹豫不决。乍一看似乎纯电动车更加环保，因为它不会使用化石燃料。但如果你仔细考察纠缠网络，你会发现事情并没有这么简单。如果当地的电能来自燃煤发电站，那么你的电动车实际上仍是煤炭驱动的。燃煤发电站不仅排放二氧化碳，还有其他有毒气体，如二氧化氮、二氧化硫，并且排放量远超燃油汽车。此外，即便在没有使用的情况下，电动车电池中的电能也会损耗。但燃油汽车需要提纯、处理、运输过的汽油，这些环节都会增加碳排放。这样看来，电动车略胜一筹，但我们可以进一步考察纠缠。电动车需要高质量的锂电池，还需要稀有金属，比如永磁体中的金属。这些稀有金属来自破坏环境的矿场，它们会使用硫酸铵之类的有毒化学物质，有些矿场还会产生大量碳排放。如果我们把这些都考虑在内，制作一辆电动汽车的碳排放将超过燃油汽车。

我们甚至可以探索更多的纠缠，当汽车损坏被抛弃后会发生什么呢？电动车的锂电池太大了，截至本书写作之时尚未出现有效的回收处理方案。这种状况会随着制造水平的提高而逐渐改善，比如人们会转而使用太阳能给电池充电。使用电动车的时间越长，零排放使用（除了发动汽车用的燃料）就会抵消生产过程中产生的排放。

因此，要想回答电动汽车有多环保，答案应该是"看情况"。这取决于你生活的地区、使用的频率以及是否要将生产和遗弃过程考虑在内。当然，你还可以进一步探索纠缠，你可以计算制造汽车的每个器械装置和工具的造价以及设计过程涉及的事物，你可以核算制造挖掘矿场和提纯矿石的机器所耗费的能量，你还可以计算过去燃油汽车和燃煤发电机造成的环境破坏等等。对物的评价取决于你将在纠缠链上走多远，限制边界会让我们视野狭窄，只有展开纠缠的广度才能让我们获得更实际的评价。鸦片和棉花对历史的影响（例如战争及其造成的痛苦）是巨大的，远超过它们现在所造成的影响。

但我们又不可能逃脱这种偏狭的视野，所有研究都需要划定界限：你不能研究所有的事物。但纠缠的方法会鼓励我们尽可能将更多的事物考虑在内，也会让我们明白我们所划定的所有界限都是人为的，这种视角对于我们 21 世纪目光短浅的消费者很是重要。因此，消费活动的很多后果都是隐蔽的，它们在时间与空间上可能与我们相距甚远，或者它们被广告掩盖，抑或是深埋在人行道下与海洋中。但如果我们试图理解为什么人类演化是有方向的，我们就必须沿着因果链条走得更深更远。

第六章　变化的产生

　　纠缠的异质性和无边际的本质导致了联系、冲突和对立，这在当代世界中有很多例子。巴拉克·奥巴马总统在任期间，美国与中国的关系被描述为相互纠缠的，这是因为一方面美国与中国试图就环境变化问题达成协定，但它们又在人权、技术版权、计算机黑客和其他方面有诸多异议。如今，尽管我们往饥馑地区运送大量食物，全球还是有越来越多的人忍受着饥饿。解决全球变暖的努力（主要是西方国家）与人口激增（主要是更贫困的国家）和森林砍伐之间冲突不断。复杂现象会导致内部的诸多矛盾，这已成为人类生活的基本状态。

　　如何为日益增多的人口提供食物已经成为十分复杂的难题，其中充斥着操作链中的各种冲突和竞争，以及由此产生的荒诞后果。2013 年英国机械工程师协会发布报告，预估全球大约 30% 到 50% 的食物在进入人类腹中以前就被浪费了，类似的报告在美国也曾有过。[1] 为什么会出现这种状况？一部分原因出在生产链的较早环节，农业生产效率低下、基础设施落后、运输方式简陋、储存能力匮乏等都会造成农产品以及土地、水、能量的浪费。但大部分原因出在销售、购买环节。超市将大量食物摆放在货架上，但最后只能将很多卖不出去的食物丢弃；消费者买了很多便宜的食物，吃不完也只能倒掉。因为我们日益增长的生活压力，超市会购入很多即食食品，这些食物很多都卖不完，但因为有健康规定，又不能给穷人。保质期的规定十分严格，因此有些食物会在快到保质期的时候被丢弃。买一送一的优惠让很多买家购置了超过食用量的食物，因此有些最终变质。消费者喜欢卖相好的水果蔬菜，因此大量被剐蹭或是畸形的食物直接被扔进了垃圾桶。机械工程师协会的报告还指出，英国 30% 的蔬菜根本就没被采收，因为它们卖相不好。一些连锁超市尝试了一些对抗浪费的方法，比如向欧盟游说，建议放宽食品销售质量的要求，让一些不好看的食物也能上架。当然，还有一些更有创意的解决办法。例如在美国创造了销售奇迹的迷你胡萝卜，它本身并非从土里长出来就是这副模样，而是用那些原本会被扔掉的畸形胡萝卜加工而成。[2]

我已经描述了纠缠中的很多冲突矛盾，在第三章中，堤坝的建立与遗产和环境保护相冲突；第四章中，棉花的例子包含了很多组对立：奴隶制与自由劳动，国家调控与市场经济、殖民主义与自由贸易、工业化与去工业化、工场与工厂、殖民者与被殖民者。美国19世纪中期，南方棉花种植园的奴隶制与新兴资产阶级之间充满矛盾，后者关注人权，因此他们在道德立场上反对奴隶制。第五章中描述了医用鸦片和致瘾的有害后果之间的冲突。

上文已经指出人－物纠缠中的联系、冲突和矛盾来自其异质性和无边际的本质。有些影响是局部的，但也有遥远的、似乎不相干的事件会产生连锁反应，像涟漪一样扩散到整个纠缠中，比如丹麦某个艺术家为一家报纸设计的卡通绘画会导致中东的暴动，从而影响油价以及加利福尼亚州公路上汽车的数量。再比如一个街头小贩穆罕默德·布瓦吉吉在突尼斯的市场上自焚，导致整个中东支持民主的起义，又引起全球油价的变动。不过有些影响是时间上的，例如尼罗河上建造的堤坝不可避免地会影响5000年前埃及法老在尼罗河流域建立的神庙和其他文物建筑。古代埃及的遗产会产生复杂的纠缠，当代人不得不面对这些纠缠。长江上的故事也是一样。

很多冲突的来源是社会经济不平等、民族主义、殖民主义与帝国扩张以及宗教差异。这些因素本身都不一定会直接引发冲突，但它们会与历史上某些特定纠缠产生矛盾。换句话说，纠缠的整体导致了一些事件，例如民族主义，并因此引发排外、暴力与冲突。宗教触发战争也只是在特定历史背景中发生的。阶级差异与社会生产关系的不平等本身不会造成变化，变化只会在特定的关联中产生。我们应当考虑纠缠中的某些部分，而不是假定某种内在因素一定会造成特定的社会形态。

　　同样，因为背景不同，人们对纠缠的感受也不尽相同。一般来说，纠缠指向过去，由不同的历史背景产生。比如，早期英法殖民与中东纠缠在一起，它们从 20 世纪开始努力控制油价，但却导致了 2001 年的"9·11"事件，因此人们开始关注与自己生命息息相关的安全问题，这又导致了右翼民粹主义运动和反移民的政治主张。20 至 21 世纪资本主义机制让很多人的工作被机器取代，导致大量失业，这又助长了右翼势力，更多人抵制移民，支持建立边界墙。再比如，20 世纪 30 到 40 年代意大利和德国法西斯主义笼罩下的愤懑体验使得 50 到 80 年代的知识分子提倡非政治经验主义。又比如，苏联的失败导致了东欧国家 1989 年的变革以及推崇民主和自由市场的运动。在上述这些例子中，过去的纠缠都影响了后来的政治变革方向。

纠缠的历史背景总是兴衰交替。在第一章中，我引述了伊恩·莫里斯的论证，他认为长期以来人类能量获取能力呈指数速度增长，但我也指出了其他短期变化的证据。我们可以在欧洲史前史中看见很多兴衰变化，不同时期兴盛的区域也不尽相同。在斯蒂芬·申南书里所举的欧洲例子中，兴衰的标志是人口的增减。[3] 当然，我们也可以看出其他形式的兴衰。比如，在中东更新世末期，末次冰期后气候转暖，但又被一场短暂的寒冷、干燥的气候事件中断，我们叫它"新仙女木事件"。在暖期的较早阶段，中东早期纳吐夫文化的人们开始定居生活，但在新仙女木事件期间，他们又开始了流动生活，当然并没有完全回到以前的状态。他们已经有了比较深刻的"家园"概念，也会通过埋葬活动与之前的定居地保持特殊联系。新仙女木事件结束后，气温再次回升，纳吐夫人又很快回到了定居社群中。气候变化造成的困难要求人们灵活变通，但社会从不会完全回到之前的状态。在近几个世纪历史事件的例子中，我们可以看见各种变化：价格的升降、商品的多寡、劳动力充足与否。这些变化扰动了纠缠，增加了混乱的程度，也造成了有待解决的矛盾冲突。

人-物纠缠变化中的重复模式

所有的这些混乱和不确定似乎只会让事情变得更加复杂，更加难以把握，变化之中似乎也没有什么固定模式。但我想论证存在以下普遍模式：混乱和矛盾会让人类陷入更深的人-物纠缠。我在本书中所举的例子都展现了一个重复的模式：人类依赖其他人和物。这些物本身也深陷纠缠之中，它们之间的联系和冲突让人类愈发依赖物。这是一个鸡生蛋、蛋生鸡的循环。

我们可以在人类长期依赖谷物的例子中看出这种模式。在更新世晚期，从约公元前 22 000 年以来，人类就逐渐开始使用磨制石器从植物中获取养分。[4] 这些石头很重，使用这些石器又会和其他食物加工策略关联起来。比如，很多植物性食物要加热煮熟，所以除了磨制石器之外我们还需要火塘、烤炉和火。火塘和磨制石器有很多不同的功能，这些功能有时不能同时实现，因此，人们不会把火塘和磨制石器搬来搬去以完成不同的任务，而是将需要加工的东西都拿到这些工具旁边。如此，一个中心地点便诞生了，用于处理各种密集加工的食物，不过这种方式又与流动性的生活相冲突。与其保留流动的生活方式，把这些工具带到不同地方以实现各种功能，人们转而选择修建牢固的房屋和居所来加工这些食物。但这就意味着向定居生活逐渐转变。所以，人们依赖磨制石器之类的物（人－物纠缠），这些物又与其他物纠缠在一起，如火塘和工具（物－物纠缠），这些物又依赖人以发挥功效，彼此联系（物－人纠缠），为了解决问题，人们又建造了更坚固的房屋，建设了定居社会（人－物纠缠）。人－物纠缠导致了物－物纠缠和物－人纠缠，又导致了更深的人－物纠缠，或者可以简单地表示为：人－物纠缠→（物－物纠缠和物－人纠缠）→更深的人－物纠缠。

在更复杂的食品加工中，野生谷物更容易吸引人，因为在相同的能量投入中，它们能为人类产出更多的能量，同时也因为它们本身更容易大量储存。人类投入大量时间精力加工谷物，还开发了很多新技术，把收割芦苇、莎草的镰刀改用为收获谷物。这些改变又与作物的生物属性纠缠在一起，那些谷粒不会自动脱落的品种被人工选择出来。这些新的驯化物种不能自我繁殖，需要人类更费力地打谷、筛选。因此人类陷入了长期的循环中，对谷物的投入逐渐增多，也更需要更省力的设备。因此，人类依赖物（野生谷物），它们依赖其他物（镰刀）并与人类行为纠缠在一起，谷物被逐渐驯化并开始依赖人（打谷、筛选等等），这导致人愈发依赖谷物。同样，这里我们也能看到这样的模式：人－物纠缠→（物－物纠缠和物－人纠缠）→更深的人－物纠缠。

近几个世纪的收割方式也是一样的道理。托马斯·哈代在小说《德伯家的苔丝》中描述了蒸汽打谷机如何影响苔丝和其他妇女在一处威塞克斯农场的工作：

> 紧靠着麦垛草顶的檐子下面放着的，就是那些女工们前来伺候的那件红色的残暴东西——一个木头架子，连着带子和轮子——当时还不大能看得清楚。那就是打麦子的机器，它要一开动起来，女工们的筋肉和神经，就要一齐紧张起来，非坚忍不拔，就不能支持下去。
>
> 离得不远的地方，又有一件形状模糊的东西，颜色漆黑，老嘶嘶作响，表示有雄厚的力量蓄积在它里面。一个烟囱高高地在一棵槐树旁边耸起，同时一片热气从那块地点上四面散射……这一定就是那件要当这个小世界里面主要动力的机器。[5]

在这里，机器是破坏农场工人生活的暴君，它物化工人、奴役工人。[6]机器本来是用来减少工人劳动量的，但最终却增加了劳动量，因此农村人都很后悔，很怀念过往的岁月，"那时候，一切的工作，即便扬场，都用人力"。[7]如扎娜·梅多松所言："机器比它要取代的那些费力的东西更加残忍、更耗人精力，它的力量是超人的，但却也让那些使用它的人失去人的尊严。"苔丝必须得站在机器顶上把一捆捆草递给管理机器的人。虽然其他人可以偶尔休息，哈代笔下的苔丝必须时时刻刻工作，听从机器的"指令"。"因为圆筒既然永不停止，填麦子的工人当然不能停止，同时，她要把麦捆解开；供给麦子的，也不能停止。"机器打麦子的嗡鸣声"要是碰到供给的麦子不足平常的数量，它就像疯了一样大声呼号"。当机器的轰鸣声终于止息时，苔丝"那个膝盖，让机器震得一个劲儿地打哆嗦，差不多连走路都走不起来了"。

当代读者可能会认为这些描述过于夸张，但它准确了捕捉到了人们对于工业革命的反感，也正是因为这种反感，很多人砸毁了纺织机。18至19世纪的蒸汽打谷机和其他犁地、收割、筛选机器的使用有一系列前提条件：圈地运动整合土地（只有在较大面积的土地上机器才能运作）；拿破仑战争和美国独立战争；国际贸易竞争要求降低生产成本；城镇人口增加，这个过程本身就和棉花纺织机械化有关；19世纪中叶农村劳动力短缺；[8]马匹价格昂贵。过去，打谷需要用连枷，整个过程很慢，持续大半个冬天，但它创造了农村的就业机会。因此，人类依赖物（连枷），但他们又与土地组织规划、殖民主义、战争和工业城市的兴起以某种矛盾的方式纠缠在一起。人们必须找到办法提高粮食产量以获取利润，因此人们又陷入了更深的与物的纠缠（打谷机）中。农场工人将他们被开除的责任归咎于机器，"这种感觉在 1830 年冬天达到顶峰，一群饥饿的农工在乡野间游荡，他们砸毁了打谷机，焚烧了草垛"。[9]

哈代，这个机械化的一贯抨击者，敏锐地捕捉到了人类为降低成本、提高生产力而逐渐依赖机器之后陷入更艰苦的劳作并改变生活方式的过程。哈代笔下蒸汽打谷机的后继者是如今农场上的大型联合收割机。这些农场人烟稀少，好像被遗弃了一般，工人被更快、更高效的机器取代，从而能从单位土地内以最低的成本获取更多的粮食。但机器却以新的方式与其他事物勾连起来，制造、使用这些机器开支很大（现在最新款最大型的机器和一套巨无霸豪宅一样昂贵），它们让农民陷入大型跨国公司的全球供粮网络中。从商业饲养场到自动灌溉系统，再到农业机械，工业化的农业生产增加了对化石燃料、水和耕地资源的需求。所有这些商业化的设备都需要汽油、合成杀虫剂、化肥，并逐渐将粮食价格与油价挂起钩来。地下水位受到扰动,地表土的流失让人们不得不采用含氮营养剂来养活植物,这些纠缠都会危害环境。第一章就已指出,农业生产导致了全球温室气体排放总量的18%。

统治这一切的并不是机器,而是纠缠。人类依赖机器来增加利润,在此过程中纠缠产生了,但这种利润增长又被全球贸易打断或是被劳动力缺乏或纠缠中的其他变化削弱。农业领域的新发明又创造了新纠缠,这又要求人们发明更先进的机器,让人类一步步陷入物的生命中。无论讨论的是新石器时代还是当代资本主义,总有一种不断的循环:人们依赖物,这种依赖让他们渐渐陷入更深的对物的依赖中。

我们在本书中看到很多这样的例子,但我还想再详述几个例子来帮助大家理解这个过程的普遍性。在阿斯旺水坝的例子中,文化遗产与之密切相关。几千年来,人类常常会销毁过去活动的痕迹,他们完全有能力摧毁这些文化遗产。但近几个世纪来,很多发达国家的人们认识到,文化遗产也需要保护。到建造阿斯旺水坝的时代,人们已经与文化遗产纠缠紧密,为了保护遗产,他们必须将这些巨大的古迹建筑拆解、重组。因此人类依赖物(大坝),这些物与其他物纠缠(文化遗产),这些遗产又依赖人才能得以保存。为了解决发电与遗址保护之间的冲突,人类陷入了对物更深的依赖中,他们需要运载这些建筑的机械以及联合国教科文组织文化遗产保护中心这样的机构：人－物纠缠→（物－物纠缠和物－人纠缠）→更深的人－物纠缠。

在第四章中讨论的棉花的例子中，截至1789年，英国工人的工资还相对较高，但与此对照鲜明的是印度十分低廉的工资，这也冲击了英国的制造业，因为英国的制造商很难与印度的廉价商品竞争。英国工人已经开始在家中使用珍妮纺纱机，但与印度的竞争导致销路不畅，利润受损，这催生了水轮和连骡的发明。新技术改变了商业格局，加速了生产，棉花现在能够以低廉的成本大规模生产。因此，人类依赖物（棉花），这物又依赖其他物（珍妮机），珍妮机又和一种生产模式纠缠在一起，这种模式迥异于远方印度的模式。结果，新的纺织技术应运而生（纺织依赖人类的技术创新），因此人类陷入了更深的对物的依赖中（棉花生产需要水、煤炭、蒸汽）。当然，还有更进一步的结果，例如让人们涌向城市，产生很多健康问题：人－物纠缠→（物－物纠缠和物－人纠缠）→更深的人－物纠缠。

在贯穿全书的轮子和汽车的例子中，人类依赖物（汽车），车又与其他物纠缠在一起（环境），导致了全球变暖。结果，汽车和环境需要依靠人类的新发明，例如电动汽车或者混合能源汽车以及可再生能源。人类因此依赖新的物以及新的纠缠：人－物纠缠→（物－物纠缠和物－人纠缠）→更深的人－物纠缠。

累积的过程等待着事物发生

理解纠缠的一种方式是将其视作一种依附关系的网络（如图 6.1 中所示），但这种理解的危险在于我们会忘记纠缠内部的时间性。操作链中不同步骤的一个关键要素就在于一些事件必须"等在"另一些事件之后发生。因此，另一种理解纠缠的方式是将其视为多种事物的汇集：一系列事件流彼此汇合。例如，一个人可以对一块石头施力，打出一个粗糙、平坦的面用来研磨植物。在此过程中，人就不得不照料这个工具，还得不时地维修、更新。每一步都需要"等"前一步完成，形成一个逐渐累加的过程。这个过程中，能量随时间流动：寻找石料、制作、使用、遗弃，这种事件流又与其他事件流交织在一起。在中东的后旧石器时代，磨制石器与制作加工、烹饪技术、火塘和房屋联系在一起。加工某种食物必须要"等"制作好磨制石器、生好火之后才能进行。不同的操作链或者事件流彼此汇集在一起，形成了纠缠（如

图 6.2)。

我用了打引号的"等",因为这个说法将操作链和事件流拟人化了。不同事件并不是真的彼此等待，但这种说法可以帮助我们理解纠缠对时间的依赖。这不仅适用于某一活动的操作链，也能在更大的范围内体现出来。棉花生产与帝国统治同越过大西洋的大量奴隶纠缠在一起。鸦片加工和毒品交易在各种时间内与烟管传播、西方世界对共产主义的恐惧以及国际恐怖主义关联起来。阿斯旺水坝的建造使大量水流和电流汇入文化遗产的信息流中。

因此，我们可以看到能量、电力、信息的交融流动，以及疾病、欲望、精神的流动。纠缠，各种流的融合，产生了难以捉摸的关联，这种关联导致了变化的发生。

纠缠产生不同的人类目标

在这本书中的各个例子中，可以看到一个清晰的模式，人类依赖物，这些物彼此关联，导致一系列后果（因果链条，后果通常是互相矛盾、冲突的），这又让人类陷入更深的对物的依赖中。造成这种依赖加深的原因在于纠缠的异质性和无边际的本质，在于物难以完全控制，在于它们受到的

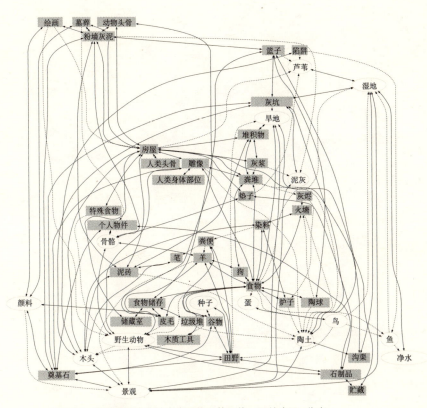

图 6.1A 恰塔霍裕克遗址中陶器使用的网络。图片来源：作者

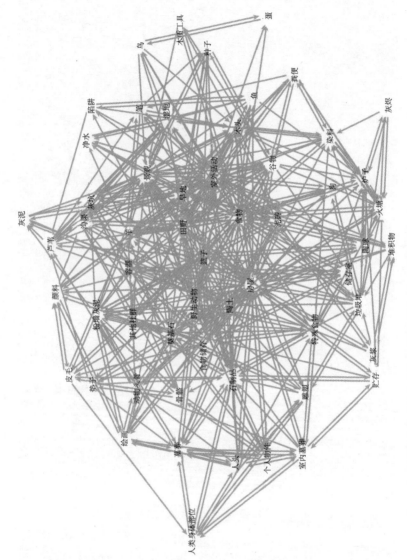

图 6.1B　恰塔霍裕克遗址中陶器使用的纠缠图示。图片来源：作者

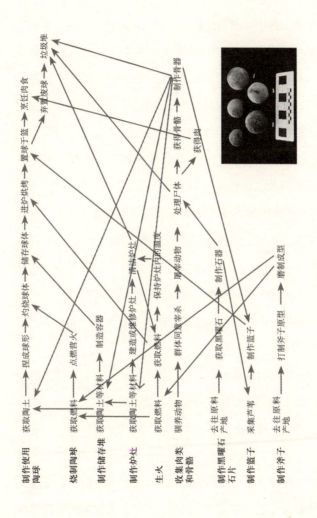

图 6.2 使用陶球（右侧图）烹饪的操作链以及彼此间的联系。图片来源：作者

历史扰动的影响。

在第三章中，通过比较河狸和人类的筑坝行为，我认为两者之间最重要的差别在于人类能够在因果关系链上走得更远，从而修补出了故障的东西。人类既是"智人"，又是"匠人"，正是这种双重属性让人类陷入更深的纠缠中。随着时间的推移，人与物、物与物之间依附关系的链条会满布全球，非常复杂。物会汇聚，集合成各种不同类别的事件进程，导致混乱、纷繁的依附关系。当人们将这些分布广泛、交融复杂的操作链关联起来，他们就要不断处理由此引发的不确定性。物总会损坏，大坝会崩塌，棉花需要更多劳动力，鸦片导致毒瘾，汽车造成全球变暖。我们总是会受到依赖关系和依附关系的影响：我们依赖物但却被物及其要求造成的问题所限制。依赖关系与依附关系之间的辩证联系会引发变化。

回到第二章的论点中，我们能不能说人类对物使用的增加只是出于我们的目标和意图呢？是不是说人类只是想活得更好，他们会把握一切机会做他们想做的？这样的结果是人类逐渐增加了对物的使用和依赖，并产生了更多的物件。这种观点的问题在于太想当然，它完全是目的论的，它假设了一个我们需要进一步证明的问题：为什么人类会有物质进步的目标？过去和现在的很多社会以及很多近代的宗教传统都鄙夷物质财富的累积。当今世界人们对物质消费的渴望以及对技术解决方案的探寻，完全根植于工业和商业资本主义。因此，当我们解释纠缠时，我们似乎必须首先理解人类的目标和意图，而不是直接将其作为原因。

最后需要强调一点：如果人－物关联是与物－人关联、物－物关联以某种因果链条纠缠在一起的，那么一旦人－物纠缠发生改变，一定会沿着这种因果链条产生很多其他改变。如果人依赖物，这个物又和许多其他物有联系，那么任何人－物关联的改变都会沿着纠缠中的各种连线扩大、增殖。其结果是，纠缠整体中的变化总是呈指数型增长的。我们最后可以回到这个问题上了：为什么人－物纠缠会增加？为什么随时间推移会产生更多的物以及人对物更深的依赖？

第七章　路径依赖与两种方向性

睡着了也许还会做梦；嗯，阻碍就在这儿：

因为当我们摆脱了这一具朽腐的皮囊以后，

在那死的睡眠里，究竟将要做些什么梦，

那不能不使我们踌躇顾虑。

——《哈姆莱特》，第三幕，第一场[1]

　　在第六章中我主张人类对物的依赖（人－物纠缠）导致了物对其他物的依赖（物－物纠缠）和物对人的依赖（物－人纠缠），这导致了更深的人对物的依赖（人－物纠缠），人与物的关系产生了变化。换句话说，人类使用物解决问题，依赖物搞定一些事情，但他们也会自此陷入物导致的后果和

---

① 引自朱生豪译，《莎士比亚戏剧·哈姆莱特》，人民文学出版社，2015 年版。

相互依附的网络中。这些后果产生了冲突、矛盾和关联，并会因此导致一些问题，人类又需要使用物来解决这些问题。因此，人－物纠缠→（物－物纠缠和物－人纠缠）→更深的人－物纠缠。

因此就产生了一种朝向变化的不断的辩证驱动力，但变化速率随着人－物纠缠的规模而改变。早期人类使用简单的物，导致的后果也比较有限。制作石器或木器并不需要高强度的操作链和大规模装备，这几乎不会导致什么问题，人类也不会陷入很深的对物的纠缠中。虽然开始时很慢，但后来逐渐越来越快，人类最终以一种不断拓展的倒锥形的速度累积、使用物（图7.1）。

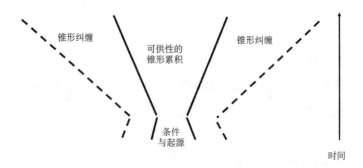

图7.1　随着时间的推移，我们会看到物的可供性不断被开发，与此同时，纠缠也呈锥形扩展。图片来源：作者

不断开发利用物的可供性，也增加了人们与这些物的纠缠。因此，随着纺织机越来越复杂，越来越高效，它们的纠缠也会加倍。当轮子的种类越来越多、专业化程度越来越高时，轮子的每种新类型、新功能都会有各自的纠缠。轮子种类越多，纠缠就越繁复。因此，纠缠会以指数速度增长。物的倒锥形增长总是伴随着纠缠复杂度的指数级倒锥形增长（图 7.2）。

当然，我们可以从与物的纠缠中挣脱出来，我们可以过上更简单的生活，可以逃进莎士比亚笔下的睡梦中。语言中有很多短语表达挣脱束缚的意思，有些是静止的、与空间相关，比如"在盒子外思考"，表示摆脱思维定式。也有很多

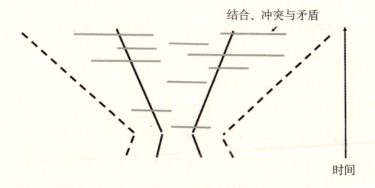

图 7.2　随着时间的推移，结合、冲突与矛盾让纠缠发生改变、做出回应，让纠缠进一步拓展。图片来源：作者

暗示方向的改变或挣脱脚下的涌流："走少有人走的路""偏离轨道""人迹罕至之地""走一条新路""溯流而上""逆势而为""逆流而上"以及"违反常理"。

更新世晚期新仙女木事件期间，中东的纳吐夫人暂时摆脱定居村落，回归流动生活，但这也只是一时之举。当气候渐暖，定居生活又占了上风。在斯堪的纳维亚，有些社会在采用农业生产之后又在一段时间内回到了狩猎 – 采集社会。在当代世界，我们会努力摆脱现在的生活，以一种乌托邦的理想重构新社会，实行禁欲的宗教仪式、冥想，与世隔绝。我们会砸毁机器，抵制新技术。焚烧树木或煤炭生火的方式被其他加热和能量获取方式取代。有些人拒绝农业生产的谷物，转而采用旧石器饮食法。还有各类诸如新消费主义、道德购物、公平贸易等运动出现。很多人拒绝使用汽车、T恤，化纤材料逐渐代替棉花制品。大多数人从未染上毒瘾，有些瘾君子也在努力戒除。

但这一切并不容易，戒除海洛因需要与其他毒瘾者、贩毒者断绝联系，还要远离与海洛因息息相关的借贷网络、暴力和剥削利用。我们可以不穿纯棉T恤，但利润巨大的全球T恤工业一定会说服甚至劝诱我们使用。尽管有人确实可以不用汽车，但汽车的纠缠太深了，我们无法轻易摆脱它。因为这不仅与汽车生产商与石油公司有关，还包括整个依赖汽车和其他有轮交通工具的社会和经济系统。很多人居住的地区就是为汽车使用者设计的：各家各户之间相距甚远，工作地与购物地之间距离很长，公司与办公室被广袤的停车场分隔开。我们还可能因为付不起工作地附近的房价而住在公共交通不完善的地区，每天不得不依赖汽车通勤。我们可以选择步行或是搭乘公交车，但并不是什么时候都可以。我们可以都努力采用前农业社会的饮食，像狩猎采集者那样吃肉和果蔬，但这样的话经济很难增长：这种方式几乎不可能养活现在全球的人口和牲畜。在所有这些例子中，物的纠缠以及对它们的投入使得"回到过去"、摆脱纠缠变得困难重重。

贫困和不平等也是一样的道理。本书开头提到，长期以来人－物纠缠的增长以及人类累积物品数量的增多与不平等密不可分。现在，美国的收入不平等不断加剧，而社会流动性却在不断降低。[1]美国的主流意识形态认为出身贫困的人仍可通过勤奋努力获得财富。但在包括美国的所有社会中，我们只能看见很少人能够向上流动。这是为什么？为什么人们不能脱离贫困的泥淖？

查尔斯·戈尔将贫困陷阱定义为"一种贫困导致贫困的处境。因此，贫困的后果是自我加强，从而形成一种恶性循环，一种重复累积的因果链条"。[2] 他认为贫困陷阱在各种层次上都存在，从家庭、社区到国家、全球，其原因纷繁复杂。消除贫困不仅仅要求我们增加贫困人口的收入，还必须解决其他问题以帮助他们摆脱这种纠缠，例如环境恶化、健康状况差、战争和不安全、政府腐败、基础设施差、教育水平落后、技能缺乏等等。一旦人们开始走上一条可能导致更严重不平等的道路，其间所有的纠缠和投入都会让他们在贫困的道路上一去不复返。救援和低收入住房可能会帮助那些贫困的人，但这个问题太过庞杂，简单的解决方案基本不会有多大效果。我们还需要加强教育投入，这样人们就可以掌握更高等的技能，获得收入更高的工作，保持更好的健康状况以追求更好的教育和工作等等。我们会发现自己陷入已经选择的路径中，"你不能重复发明车轮"就表达了这个意思，我们也可以用路径依赖的概念进一步理解这个过程。

路径依赖

人们常常认为"文化"或者"传统"是改变与创新停滞的原因，对此我却不以为然，如果把原因归于某个人或某个群体的"固有属性"，我反倒不那么怀疑。我常常震惊于人们适应文化改变的能力。在东非的研究中我发现人们带着不同的身体装饰，这样他们就能在多民族地区转换自己的身份。[3] 在本书中我主张，让事物聚在一起的并不是文化、传统或是某种特性，而是依附关系网格。当然，文化、传统、特性会包含在纠缠中，并为纠缠做出贡献，但只有当它们在人－物纠缠的链条、通道中发挥作用时才能成立。

我们都知道生物生命的方向性，当我们逐渐变老，便不得不面对无法生育或是爬山的事实，生物钟永远不会倒转。但除此之外，我们还会做出一些人生抉择，让我们的生命轨迹无从逆转。例如，如果我们读了个古典考古学博士，那就很难再成为一个医生，因为人文学科和自然科学的训练很不一样，有时还需要偿还学生贷款，进入医学院也非常困难，医生的训练时间很长。选择某条人生轨迹所涉及的纠缠让改换路径变得尤为困难。

纠缠由生物、社会、物质以及其他方面组成，这些事物的依附关系意味着改变一件事会关联上其他事物。纠缠的范围极广，牵一发而动全身，摆脱纠缠十分困难，因此改变往往是在已有条件的基础上进行的，而不是重新来过。改变是累积的：我们可以从纺织机上窥得端倪。纺织机的设计一开始是基于手工纺织技术和亚麻材料的。棉花生产在英国的兴起建立在已有的海外贸易以及与印度的联系基础上。纺织机的发展依赖水轮和蒸汽机的发展历史，后者又与电力紧密联系。智能手机发明的时间线也类似于累积式。公元前 4 千纪轮子的发明本身也依赖之前对牲畜的驯化，而这又依赖对植物的驯化。因此，这些史前事件帮了现代汽车很大的忙。但更直接的影响来自莱昂纳多·达·芬奇的自驱车素描、1769年法国诞生的第一辆牵引机、1823 年布朗的内燃机、1863年勒努瓦发明的"无马马车"、1876 年奥托使用的活塞式发动机、奔驰的燃气引擎汽车、1900 年引进转向轮替代转向柄、1901 年发明的减震器、1902 年的鼓式制动器、福特用于生产廉价汽车的流水线、1911 年的电子启动器、1924 年的车载广播、1926 年的动力转向系统、1935 年的转向灯、1956 年的州际公路法案创造的贯穿美国的高速公路系统、1962 年美国实施的安全带交规、1974 年投入使用的安全气囊、1996 年投入在汽车上使用的全球定位系统……这样的列举没有尽头。新千年之后的人们（至少是世界上某些地区的人们）开始了一段更加依赖轮子运输的生活。19 至 20 世纪，人们依赖汽油车，电动车诞生于 19 世纪晚期，但它们直到21 世纪才开始被推广使用。一百年来，人们不断发展，累积物质、技能、知识、道路系统、贸易，依次按照某种路径前进。现如今，我们已经很难回到不用燃油汽车的状态了。

包括细胞发展的生物学研究、政治科学和社会学在内的很多学科中都有这样的观点，即我们很难转换路径或是回到曾经的路径上。[4] 社会学家认为转换路径很困难，这是由于互相关联的基础设施、法律传统、职权系统以及权力差异。在经济学中，保罗·大卫研究了打字机键盘 QWERTY 式的排列顺序，他发现训练打字员的系统已经制度化了（比如秘书打字学校与打字指南），改成其他排列方式已经几乎不可能。[5] 从经济学视角看，转换其他排列方式的成本随时间不断增长，放弃已有策略的成本同样很大，这产生了一种锁扣效应。布里安·阿瑟认为路径依赖的观念与不断增加的回报有关：一旦某个公司在某个历史事件中赢得市场份额的主导地位，那么它就能创造一个良性循环，该公司就会在竞争中赢过对手。[6] 例如惠普公司在加利福尼亚州的帕洛阿尔托建立了高新技术公司，并取得很大成功，其他科技公司为了获得类似优势也在附近扎根。很快这种形势就扩大开来，最终南旧金山地区成了我们熟知的硅谷。这种相互促进、相互强化的机制意味着刚开始一点小小的优势可能会扩大并创造更多优势。然而，从纠缠理论的视角看，这些关于路径依赖的理论都忽视了某个行为选择所造成的所有关联后果。它们只关注了局部的领域（经济、社会、政治），而非全局的关联，而且除了投入－产出外，它们也没有明确定义关联本身：它们没有探索如我在棉花的例子中描绘的那种复杂的历史性依附关系。此外，这些模型中很多都默认路径一开始是"随机的"，或者至少受偶然因素影响很大。这看起来很不实际，事实上，最初被选择的路径也在纠缠之中。

累积的纠缠导致路径依赖，欧洲的城镇可以为这一点提供很好的例证。这些城镇中很多道路系统都源自 2000 年前修建的罗马道路系统，后者通常又沿袭了前罗马时代的道路。这些精心修建的罗马道路吸引了聚落沿着其方向发展。建筑物建造又被重建，这些道路却仍然是大道景行，即使罗马道路的各种痕迹都被铲除殆尽，道路仍留在原地。罗马本身或是伦敦、剑桥、艾克斯也都是这样。在这些例子中，道路的排列与建筑物纠缠在一起，因此，改道意味着改建这些建筑，这显然昂贵而艰难。更简单的做法是沿着已有道路建造新建筑。当然，重建所有建筑对于足够强大的中央权力而言是可能的，如拿破仑三世和奥斯曼 ① 在 19 世纪中叶重建巴黎那样。

---

① 乔治－欧仁·奥斯曼（1809—1891），法国城市规划师，主持了 1852 年至 1870 年的巴黎城市规划，今天巴黎的辐射状街道网络正是其代表作。

第三章介绍了近年来生物学的一些研究成果，这些研究显示基因型对演化的限制，很多限制是久远以前演化路径的遗留物，所有生物都有结构上的形式限制其变异范围。与此类似，古代道路系统也会对城镇发展产生遗留效应。在新石器时代恰塔霍裕克遗址的"城镇"中，建筑物紧密相连，任何新建筑物的空间都会受到周围建筑物的限制。更普遍地看，建筑物和遗迹的位置影响了人们在整体景观上的活动。工业区吸引更多工厂，研究性大学吸引高新产业。本书之所以选择这些例子是因为它们受到几千年前事件的遗留效应的影响：轮子、火、棉花、鸦片、收割工具、进步的观念。

　　但即便是在这些例子中，在物的早期使用阶段，其发展也非常缓慢，其可供性也是渐渐实现的，真正的锁扣效应要很长时间才能显现。虽然轮子在公元前4千纪的欧亚大陆就已经被发明并投入使用，但交通和机械对轮子的依赖直到19世纪才真正产生。在第四章中我描述了棉花从开始缓慢增长到成为巨型现代全球工业的过程，棉花完整的可供性需要很多条件，这些条件需要非常长的时间才能达到。鸦片的故事也一样，罂粟种子在欧洲新石器时代就已被驯化，大规模鸦片交易在中世纪就已出现，但鸦片及其衍生品与东亚、南亚的殖民扩张关联起来时，整体的纠缠网络才最为广阔。

物的可供性需要时间才能实现，鸦片转变为吗啡再变为海洛因需要时间，不同类型的收割工具整合成大型收割机也需要时间。进步观点在古典世界就已存在，但直到它与帝国主义和资本主义联系上时，才开始广泛流传开来，尤其是在公元18到19世纪，而到了20世纪，这种观点逐渐不受人欢迎。当然，在纠缠中，物的重要性和中心地位可能会下降。几千年来，轮子和有轮汽车的命运与马匹密不可分，直到蒸汽能和内燃机兴起后，街道上、城镇里的马匹数量才逐渐下降。

考古学家喜欢用一些术语来描述文化和文明发展的进程，例如早期、中期、晚期阶段，或者古代、形成期、前古典时期、古典时期、后古典时期。他们用"舰形曲线"描述一些考古遗物特征出现的频率，以表现某些特征从出现、兴盛到衰减的过程。当物的供给实现之后，其数量就会上升，而当纠缠发生改变，物的作用消失时，其数量也随之下降。这里并不存在某种固有的从采纳到抵制的过程，一切都依赖特定的物及其可供性，也取决于周遭的纠缠。例如，棉花和罂粟都是很难收获、加工的作物，它们的功能随时间变化，这取决于新帝国主义策略中新技术的逐渐累积。物的供给与其赖以实现的纠缠之间的关系，导致了某种特定的路径在某个特定的历史时刻受到选择。一旦这条道路被选中，更多的锁扣效应便随之而来，重头来过也就更难，因为很多事物已纠缠在一起。

变化具有两种方向性

人－物纠缠的方向性有两种形式。

特殊方向性

特殊方向性的产生与陷入依附网络中或碰上发展的累积本质的特定的物有关。例如，人们通常认为轮子之所以能在欧亚大陆发展，是因为那里有牵引动物来拉动各种载具。而前哥伦布时代的美洲人没有发展出有轮运输载具，这不是因为他们无法设想轮子的概念，我们可以在南墨西哥奥尔梅克文明的遗址中看到带轮子的玩具车，[7] 但因为美洲没有适合的牵引动物，再加上一些其他纠缠因素，导致美洲和欧亚大陆走上完全不同的道路。轮子、牵引动物以及相关的疾病，还有钢铁和枪炮的发展，所有这些都导致了欧亚和美洲发展路径的差异。欧洲进步的观念影响了他们对待美洲人的态度，殖民统治之后，糖和棉花的利用又引发奴隶制，这些也开启了不同的发展路径。

再比如，第六章展示了在农业革命前的中东，磨制石器如何使人陷入加工食物的纠缠中。磨制石器让人们将谷子研磨成面粉，再与水、牛奶或者其他东西混合起来制作面包和蛋糕。在中东，主要作物（大麦、小麦和黑麦）都含有蛋白质麸质，因此可以发酵制成面包，磨制石器与含麸质谷物的纠缠引领了一种以面包为主的饮食方式，一直延续至今。而在东亚，人们最早主要使用煮和蒸的烹饪方式。这种截然不同的加工方式出现在农业之前，但随着农业的发展变得更加精良。迈克·罗兰和傅稻镰写道："这些传统也导致了东西方宗教仪式的差异，西方多使用献祭的烟雾来供养远方的神祇，他们注重利用分享礼仪性的食物来推动群体的团结；东方则强调通过共享食物让先祖的灵魂留在身边，因此，黏食更受人们青睐，其中就包含糯米和粟的演化。"[8]

考古学家和历史学家研究了无数类似的地区内和地区间差异。建设文化史是我们的主要任务之一。但我们也有将文化物化的危险，使之成为某种物，这样我们就无法把物看作创造出路径的纠缠之物。我们不应当将文化物化，而是应该考察引起特定反应的因果链条，研究人与物在完成特定事件时产生的累积性纠缠。通过这样的研究方式，我们就能明白特定的历史背景如何让英国在 18 世纪晚期至 19 世纪成为工业革命的基地，土壤、气候以及特定的帝国扩张政策如何让鸦片生产成为东南亚的金三角、阿富汗的金新月地带的文化特征，国际棉花网络又如何催生奴隶"文化"并至今影响美洲社会和政治生态。

一般方向性

本书开头就已指出，我们很难否定如下的考古学证据，即人类获取能量和物质的能力以及依附关系纠缠网络的规模与复杂程度随时间不断增长。不管特殊方向性如何，总存在着一个整体的趋势：人造物的数量和纠缠规模不断增长。这个趋势是书中描述的一些原则的自然结果，整体方向性源自人对物的依赖以及物之为物的本质。本书理论方法的独特之处在于它给予了物以中心地位，关注物是如何让其他物和人向它们聚拢的。物聚合了各种物或者事件过程，人们也因为要管控他们所依赖的纠缠而深陷其中。但在此过程中，人被束缚在某种不受束缚的东西里。纠缠是异质的、无尽的，包含不同种类的生物、社会、物质、意识过程，其中难免会造成物之间的某些矛盾。纠缠总是会造成冲突、问题以及交互联系。

　　人深陷物中，人与物相互依赖，也正因此，人必须处理这种依赖造成的后果，处理这些难以预料、难以控制的如量子纠缠一般的事件。为了解决问题、应对这些事件，人们做着他们一贯做的事：求助于其他物，改良机器，看看有什么资源可以利用。如蒂莫西·米切尔所言："技术的改变并不会像传统科学观所认为的那样消除不确定性，它只会让不确定性扩大。"[9]在第六章中，我描述了这样的循环：人 - 物纠缠 → （物 - 物纠缠和物 - 人纠缠）→ 更深的人 - 物纠缠。纠缠不断扩大，人对物的依赖不断增长。到了某个时刻，当某一物（比如轮子）周围的纠缠变得过于庞大时，一切就不可能重新来过。太多东西纠缠在一起，太多事情难以确定。如果弃用汽车就可以直接解决全球变暖问题那当然再好不过，但有轮交通工具已经融入现代生活中，现代都市不可能没有它们。所以我们不会弃用汽车，而是试图寻找其他解决之道，但这却往往增加了纠缠，这一点我们可以从特斯拉建造的巨大电池工厂或者开采稀有金属造成的环境污染中看出。

　　或许有人会说，对于人 - 物依赖增长更简单的解释是更深的纠缠可以让人们获得更多的能量，做更多的事情。第五章也说过对物的依赖确实能让人们完成更多事情，人们发展农业从而可以从单位面积的土地中获得更多食物，可以更好地面对各种灾害。比起黑曜石镰刀和木连枷，打谷机和联合收割机在打谷、收割上效率更高。对物的逐渐累积帮助人们获得能量，这意味着人类和社会拥有获得、累积更多事物的力量。纠缠日益扩展的触手渐渐伸向全球每一个角落，跨越时间和空间，让人们可以更有效地压榨、剥削劳动力，积累更多能量和信息。人类依赖纠缠，这样他们可以更快地行动和建造，因此棉花生产、收割粮食和鸦片、运输各种商品的速度大幅提高。以这种观点来看，纠缠的增长只是为了解决纠缠本身造成的问题。但这种观点的问题在于能量流动本身并不一定会导致能量的聚集，并不一定会巩固现有的状况。这个观点无法回答本书的中心问题：为什么纠缠会增长？为什么人类要累积越来越多的能量，尤其是在这种累积会造成很多麻烦的情况下？回答这个问题需要我们回到依赖关系和依附关系之间，以及人 – 物纠缠与其产生的矛盾、冲突、联系之间的张力上。

我认为纠缠理论提供了一种非目的论式的框架，可以帮助理解为什么人类长期以来会为了从环境中获取更多能量而陷入更深的纠缠和对物的依赖中。纠缠让人们建造更雄伟的纪念碑、取得更高的建筑成就，让人们创造更美妙的艺术品、更伟大的歌剧、更激动人心的运动比赛。它意味着更长的寿命、更健康的生活、更便捷的通讯、更多的旅行机会、更好的教育——至少对某些人来说是这样。但同时这也意味着我们会越陷越深，越来越无法解决全球范围的问题。我们获取能量的能力确实增强了，但代价是我们要依赖开发工具来获取能量，而这种工具本身也要求更多的工具和更多的劳动力来生产，结果就是人类大规模利用其他人类和其他物种，环境也因此恶化。连发明 Model T 汽车、开创流水线生产的亨利·福特都理解他的这些创造可能带来危险。他引入了一些机制，以在现代科技社会中推广田园乡土生活。[10]

摆脱与某物的纠缠往往会导致与其他物更深的纠缠。马匹运输的衰落伴随机器运输的兴起，这些机器有马力，却不用马，结果导致纠缠显著增长。从燃油车到电动车的转变也开启了新的纠缠。纺织机、鸦片加工、堤坝、能量获取，所有这些新发展都导致了与更多数量、更多种类的物的纠缠。

另一种理解人–物纠缠指数型增长的方式是考虑人与"外部"环境的关系。在人类漫长的演化过程中，纠缠的扩张意味着环境的方方面面都已经成了人类改造的加工品，所谓的外部世界已经越来越少了，整个环境本身都已经成为人工制品，需要人类的关照和管控。我们开始使用"人类世"这个词来描述人类行为对环境造成主要影响的阶段，但这种管控并不是晚近的事：第四章就讨论过早期人类用火改造和管控周遭的景观。[11]当自然环境逐渐成为人工制品后，人类也逐渐陷入对自然的管理之中，他们开发森林、建造堤坝、灌溉田地、管治"害虫"或解决土地荒漠化问题。

演化是一种纠缠的相互创造

本书很少使用"演化"这个词，达尔文在《物种起源》中更爱用"演变"这类词，因为演化暗含某种预先设定的计划的展现。这个词原本指"展开"，从古典时代开始它用于描述卷轴或作战行动的展开，我要使用的正是这个含义。唯一的前设是人类离不开物，一旦人类沿着演化的路径向下走去，投入时间精力制造工具，演化之路便随之展开。人对物的依赖造成的后果要求人们进一步依赖物，但这仅仅是因为人们拥有追踪因果链的智能。河狸也会努力制造并维修堤坝，但它们无法像人类一样沿着因果链走这么远。和达尔文一样，我们可能会认为大脑功能与操作、使用工具的能力增长密切相关。自然选择青睐那些能够追踪更远的因果链以及能够使用工具解决问题的人。

人与物依附关系的展开过程就是人类演化的方向，然而在这种整体方向性之内，我们还是可以看见展开的各种不同方式。不同的路径相距甚远，在每种路径内，人类充分利用物的供给、物的属性、物的潜能。他们也努力维护物，去创新，去解决问题，去处理人－物纠缠产生的矛盾、冲突、关联。物的能动性与人的能动性彼此成就。

人类演化是异质性的，是一种与物的共同创造，这里的物有生物的、物质的、化学的，也包括观念和社会制度。生物演化论或许可以帮助我们解释这种演化过程的一部分，但却无法解释其整体。这就是为什么我在大部分时间避免使用"演化"这个词。尽管当代生物学的发展开创了拓展综合演化论，它不那么以基因为中心，更接近纠缠的视角，但"演化"这个词本身就有过度生物化的嫌疑。我们需要一种关注演化领域多样性的方法，需要承认多样性内部的张力，需要在现实与相互依附的关联中建立新的理论。

物之间的相互依附关系创造了发展的整体方向性，也同样创造了特定的路径，每一条路径都给以后的世界留下了物质、社会、观念交互纠缠的遗产。我们很难违反常理、另辟蹊径、逆流而上，所有这些比喻都展现了摆脱纠缠、走上另一条路径的困难。在整体方向性的那些例子里，人－物纠缠→（物－物纠缠和物－人纠缠）→更深的人－物纠缠是自我催化的进程，可以产生人对物更深的依赖关系和更深的纠缠，而不需要预设的目标。当然，人类的目标确实会在特定路径上起作用，但目标本身是在特定纠缠背景下产生的。因此，旧石器时代的狩猎采集群体追求的目标是更优秀的狩猎能力以及与动物灵魂之间的平衡。世界很多地区的新石器社会中，人们的目标则可能是慰藉祖先或照料好田地。中世纪欧洲人的目标或许是遵循上帝的旨意或在战场上保住荣誉。工业革命时期的英国人会赞许诸如进步、自我提升、累积财富之类的目标。所有的这些目标都是在特定的历史纠缠之中诞生的，它们为纠缠做出贡献，也是与其他物交融在一起的另一类物。但它们并不是将演化推向特定方向的外在的手。

第八章　这个问题为什么重要

大脑造就了我们的成功，

但也带来了失败，我们的大脑还要足够强大

以应对它的创造物。

——克里斯蒂安·德杜布

本书提出的问题似乎没有得到解答，这在伦理上有何暗示呢？如果人类依赖物，如果物的变化无常意味着我们将始终维护它们，那么很自然地，只要我们捡起某件工具，我们就必然会陷入当下的困境中。现如今，人类对世界和气候造成的影响已经威胁了后代的生存。根据纠缠理论，可以料想今后我们仍会通过修整物来解决环境问题，实际上，这种解决方案主导着当今社会各种问题的讨论。我们会探讨如何让汽车更加省油或者如何采用其他不那么依赖碳燃料的能源。对于当今世界的问题，人类，尤其是西方人，倾向于寻求技术途径改造世界，而不是改变人对物的依赖。或许我们正逐渐逼近这种"存在"方式的尽头。

但试图扭转这种趋势甚至降低我们对物的渴求已经碰壁，颇为讽刺的是，主要的困难在于我们无法认清物之所以为物。我们把物视为欲望的对象，认为它们没有行动力，彼此隔绝。第四章曾提到欧洲和美国18世纪以来消费主义的兴起让我们只关注孤零零的物，而忽视整个纠缠链条。我们利用物解决问题，满足我们的愉悦和成就感，暂时忘却复杂纠缠可能带来的痛苦、贫穷和污染。我们一般不去关注从那些物质流中产生、穿行、缠绕的那些丝线与触手。

我们以为能控制物，但却不知道物能多大程度上控制我们。比如，有很多宣扬公平贸易、有机食物以及环保产品的激进运动，但这些只能解决很小一部分问题。我们很容易受到这样的批评：草率地争抢购买最新款的混合动力汽车、智能手机、电视，但却很少注意它们嵌入其中的整个操作链。其负面影响往往在很远之外、很久之后才能显现出来，也很难加以评估。可是我们还有别的选择吗？大部分人只能开车上班，公民的责任心让很多人不得不关注时事，所以我们只得使用因特网、有线电视，这些装备似乎必不可少。相互依附的关联让改变很难发生。

或许我们可以向那些与我们走上不同发展路径的社会学习，比如，卡尔·艾瑞克·斯韦比认为我们可以学习澳大利亚原住民如何在几万年来一直保持可持续发展，探索如何避免对物近乎偏执的渴求。[1] 原住民对土地的使用有很复杂的管理程序，耕种的计划也十分周全。[2] 以前人们认为欧洲殖民者占领的是空旷的荒野，一片未被开垦的处女地，但实际上当地人在千百年来认真细致地耕耘着这片土地，培养了丰富的动植物，也深知如何抵抗自然灾害。[3] 很多澳大利亚的植物都能熬过火灾，甚至可以在有火的环境中繁殖，但当地人只会在仪式中或是经过严格控制后才能使用火。在历史上，殖民者过量开垦土地，因此大肆焚烧林木。但原住民则从不必担心这样的灾难，有节制地用火是他们保障生态多样性、管理动植物的关键方法。[4] 焚烧和未焚的交错地带为一些食物和药材提供了保护区域。例如，如果没有袋鼠啃食，澳大利亚小毛菊就会数以百万计地繁殖。焚烧过的区域还可以防止意外的森林大火，也有利于植物种子的传播。草地之间的区域是茂密的森林，威廉·甘米奇写道："这片大陆被仔细照料着，以至于欧洲人常常把澳大利亚称作'公园'，那里有梯地、草坪、洞穴和雄健的树木，不过他们不承认这片土地被仔细耕耘过。"[5] 人们对这里农业景观纠缠的忽视对欧洲农业发展有深远的影响。欧洲农民看到这片肥沃的草地，认为这里非常适合种植作物，但他们不知道，这些景观并非自然形成的，如果没有系统、仔细地用火维护，它们很容易变成原始的状态。引入非本地作物以及过度垦殖使得问题变得更糟糕，土壤的肥力最终完全耗尽。

澳大利亚农业土地的可持续利用并不意味着千万年来没有任何改变，随着时间的推移，这里的纠缠也愈发复杂，出现了新的技术（如回旋镖）、更多样高效的石器、新的移民、新的艺术形式、人口增加后不断提升的领土意识、更多的村庄以及更频繁的贸易，但所有这些变化都在原住民可持续的信念和行为方式中产生。

我们还可以看看另一种不同的发展道路，这条道路考古学家更加熟悉。"遗产"一词用来表示人和古旧事物之间的纠缠。"遗产保护业"处理考古和历史遗址及文物的保护、管理以及向公众开放的问题。并不是所有社会都认为保护古代遗址很重要，而且即便是在西方国家也并不是所有遗址都得到了相同程度的重视。我们一般会认为古典建筑比矿渣堆更值得关注，虽然后者中的一些遗址已被纳入联合国教科文组织世界遗产名录。这是当代世界挽救过去记忆的必要举措。第四章展示了文化遗产保护的问题如何凸显在中国和埃及（世界其他地区也一样）的大坝建造过程中，人们斥巨资搬运重要的遗址，还成立了很多机构来处理遗产保护问题。在全球范围内，因为建设施工前必须进行考古工作，很多道路、油管、桥梁、工业园区、住宅建设计划都被延搁或者增加造价。很多人理所当然地认为必须保护遗产，但真是如此吗？我们真的可以脱离与过去的纠缠吗？或许我们应该向西北海岸的印第安人学习，他们认为文化遗存最好能回归自然，被植被覆盖，最终化为一抔黄土。[6]

沉睡在地下的遗迹仍旧活着。丹尼斯·伯恩描述了非西方国家对待重要宗教和历史遗物的方式，他们会不断使用这些遗物，不断增益其内涵。[7]西方遗产保护者能鼓励、推广掩埋遗址的做法或者让遗址融入人们的生活吗？这样激进的主张在近期内应该不可能实现，因为遗产收费催生了太大的既得利益群体，太多人完全同意遗址的良好保护是现代性的体现，太多人认为我们需要将那些拥有普世价值的遗址留给后代，政府和私人对文化遗产投入太多，国民收入的太多部分来自文化旅游业，因此我们已经很难回到从前。我们以为自己掌控了遗产，但实际上是遗产掌控了我们。

澳大利亚原住民和西北海岸印第安人关于自然和文化遗产的观念扎根于自身的纠缠中，或许这种观点并不适合大规模工业化、制度化的社会。尽管如此，这种对待自然和文化遗产的不同观点或许能帮助我们突破常规思维的限制。

不平等

如果人－物纠缠让我们没完没了地累积物质，那么我们就得解决不平等的问题。第一章讨论了全球整体能量获取能力提升带来人造物数量的激增，但同时也注意到了不同人在占有物质材料上的巨大差异。高收入社会的超市会丢弃食物仅仅因为它们"不好看"，但在2015年，全球有8亿人仍食不果腹。[8]

不平等和人－物纠缠之间有什么关系？一种答案是所有社会都存在不平等——男人与女人之间、不同年龄的人之间、成功的猎人和不成功的猎人之间、有感召力或有权威的领导人与群众之间——这种普遍的不平等随着物质材料的增多而加强。人造物数量越多，贫富差距也就越大。基尼系数可以衡量不平等水平，它对于可拥有物（商品或收入）整体的数量很敏感。考古学家花费了太多时间和精力解释不平等的起源，但只要我们承认整体上物质材料不断增多，就没有什么好解释的了。

　　根据这种观点，人类这个智慧物种获取物的能力不断增长。第一章中的图展示了能量获取能力、财富和技术能力指数型增长的趋势，一开始增速很慢，但后面增长曲线越来越陡。但我也强调了图中使用的数据仅来自社会更为"发达"的地区。与其只关注增长的线条，我们或许更应当考虑在曲线下部的区域（图 8.1）。这条线反映了人造物数量长期缓慢增长的过程，但在线条之下什么都可能发生。有些人选择简单的、非物质、无技术的生活，像 12 至 14 世纪法国南部禁

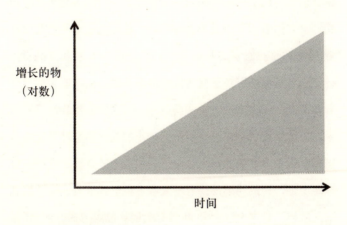

图 8.1　纠缠过程会导致物的不断增多，但与此同时物质财富拥有量之间逐渐出现了愈发显著的不平等。图片来源：作者

欲的清洁派那样，他们认为所有的物质都是有罪的，再比如更近代宾夕法尼亚和美国其他州的阿米什人。[9] 而其他社群的人可能会在物质和科技上投入巨大，这些就是我们通常说的那些更为"发达"的社会。

上面那条线之所以升高是因为前面讨论过的过程，这个过程是逐渐累积的。强子对撞机不可能在新石器时代建成，因为它的诞生需要很多东西先产生。累积的兴衰过程需要一段时间才能体现。并且当这个过程演化到上面那条线的顶端时，线下方的区域也出现了越来越多的可能性。

但这种看法没有完全展现纠缠的全貌以及与之伴生的能量获取能力的提高和物质财富的累积。人们越来越多地使用物，这伴随着对他者的剥削和控制。棉花的工业生产建立在贩卖至美洲的奴隶的基础之上，蔗糖和其他很多商品也一样。鸦片贸易随着英国和美国人的军事野心而不断扩张，并导致了全球很多人的上瘾和堕落。为了回收有用物质，被抛弃的美国圣诞树灯运去了中国。进步的观念给全球范围内帝国扩张中对原住民的虐待提供了貌似合理的解释。在所有这些例子中，物的纠缠使得有些人收入较低，他们通常受到剥削和阻碍，而其他人则得以享受能量获取能力提升的益处。所有纠缠都可以看成是操作链和事件流的相互妥协和相互融合，每个链条中都有上游到下游的过程，在此过程中，主导群体可以将劳动密集型和不令人喜爱的工作转交给其他人。实际上，操作链或供给链的概念本身就表明人们会像铰链一样彼此交织，链条上的关键结点受到人们的控制。

本书没有特别关注人与人之间的关联，这是因为这种关联很难摆脱人–物关联和物–人关联。但当我们讨论纠缠与不平等之间的关系时，我们就不得不考虑人–人关联。盖文·卢卡斯和我认为不平等与人–物纠缠密不可分。[10] 让我们设想这样一个场景：在一个还未进入复杂社会阶段、制作工具很少的群体中，我做了一把石刀，它可以比其他小刀更高效地切割和屠杀猎物。我开始依赖此物，但它也依赖其他物：制作刀柄的骨头和胶、加工燧石刀刃的砺石石锤以及让它保持锋利的我。为了制作新型高效的石刀，我还获得了高于别人的地位，尤其是我可以让他们为我工作，不管是通过强迫还是威严，或是把我的刀或者它加工的产品借给别人或者送给别人。我可以让别人代我完成操作链上的某些环节：获取石料、寻找工具、加工刀刃、获取胶水等等。因此我们可以说人类对物的依赖导致了物对其他物的依赖、物对人的依赖以及更深的人对其他人的统治。

在人–物纠缠中，有些人会处于有利地位，他们可以获取所有好处，而其他人则需要承担所有成本。精英往往比非精英拥有更多物，这让他们更有能力去控制他人，也让他们更有能力远离问题或者解决问题，因为他们可资利用的资源更丰富。在全书的讨论中可以发现，人－物纠缠可以促使我们完成某些事，精英可以利用纠缠为自己服务，非精英参与到同样的纠缠中，但他们很少能体会到纠缠的促成性效果，感受到更多的是其限制性效果。非精英拥有更少的物质商品来缓解诸如污染、饥荒或者疾病的问题。他们参与到纠缠中，但却不能享受它带来的利益。我们可以将其称为异化，但它是人在纠缠中所处位置的产物。因此，英国可以利用其海军力量和帝国贸易联系加强全球棉花生产网络，这个网络的基地就在英格兰北部。它还乐此不疲地动用海军力量加强对印度和中国的剥削式鸦片贸易。

纠缠让有些人只能累积较少的人造物。第八章中的楔形图并不仅仅表现人类逐渐填补不断增长的可能空间，它也显示所有社会都有物质商品不断增长的趋势，都有对这些商品相对均匀的分配，都平等地参与到纠缠网络中。但这并不是实际发生的情况。有些人不得不在楔形图底端生存，有时甚至是堕落至斯。人－物纠缠成为某些人利用其他人的有效机制。很少有国家会重新分配财富，长时段的纠缠研究则表明人们越是依赖物、他们之间的相互依赖网络越强，不平等现象就越显著。人与人之间的暴力同人与物的纠缠关系密切。

偶然事件与决定论

当网络和纠缠理论分散了链条、网格、丝线中的因果关系时，它们也分散了责任，责任永远会被四处推诿[①]。按照这种理论的看法，不平等和剥削只是特定纠缠的产物。我曾将人类的剥削视作操纵性纠缠的结果，可能有人会反对我的看法，因为这似乎是在推卸责任。这种理论下的剥削只是特定纠缠的产物，因此，似乎找不到不平等的确定原因。按照这种理论，原因弥散在整个纠缠中。

我也没有解决这个问题：人－物纠缠的增长是偶然事件还是事先决定的。一方面，我讨论了偶然事件与关联情景让人－物依赖关系沿着特定道路发展。另一方面，我也认为一旦选择了某一路径，依附关系的网络让我们很难转换路径；演化是一个不断展开的过程。所以到底哪个才是对的？路径

---

① 原文为 The buck never stops here，改编自杜鲁门总统办公桌上的名言 "The buck stops here"，杜鲁门的意思是责无旁贷，绝不推诿责任。

选择是偶然的、随机的还是前定的？对这个问题更广泛的讨论来自斯蒂芬·杰伊·古尔德与西蒙·康韦·莫里斯的争论，前者认为既然突变是随机发生的，那么如果将演化倒带重放，得到的结果一定是不同的，后者则坚持决定论的观点。[11]从伦理学的角度看，人类能动性是否可以改变或重演历史，让其他人过上更好的生活？我们将来可以这样做吗？或者说是不是所有的事物都已经被决定好了？人类的发展是偶然事件还是命中注定？

答案可能是两者皆然。生物化学家克里斯蒂安·德杜布考察了各种各样的演化进程，其中有些是事先决定的，有些则是偶然发展的。[12]一方面存在着决定的因素，因为考虑到已有的条件，有些事情不可能变成其他样子。除了量子机制发挥作用的亚原子层次，大部分的物理和化学过程都属于这种类型，这些物理化学过程都符合自然规律。当我们离开这种决定论视角，我们又会看到各种各样的瓶颈对事物产生的阻碍。例如，存在外部选择的过程，其中达尔文的自然选择是最著名的例子，在外部选择过程中只有一种选择是最适宜的。同时还有内部的阻碍，例如基因组的结构或者已有的身体组织，内部的阻碍也会让演化只沿着某一路径发展。还有事先决定与偶然事件的结合，例如路径依赖，此时一旦做出某个偶然的决定，选择了某种路径，则一切都不能回头。这就好像一个司机在岔路口用抛硬币的方法选定了一条路线。一旦做出选择，他就很难换条路或者掉头重来了。决定论与偶然事件这两个极端的中间地带是各种极端离奇的事件，我们不可能随时随地重复它们。

德杜布认为"鉴于特定的环境状况，演化路径常常近乎强制选择，并不是像通常我们所认为的那样随机、不可重复"。很多演化历程殊途同归，世界上有很多不同物种都演化出了相似特征，相似的演化方法还不断重演，这一点可以支持这种观点。但德杜布也注意到合适的时间、合适的地点十分重要。在某种特征被选择之前，很多已有的条件必须已经满足，之前必须已经发生了一系列发展的累积。

本书列举的很多例子都说明了人－物纠缠的发展需要很多事件一道发生。这些看起来毫无关系、相隔甚远的事件会联系起来，产生意想不到的后果。它们不是"随机的"，因为它们有特定的前因和后果。但它们的出现也并不是可以预测的：它们会在不同的过程中遇到难以预料的纠结、矛盾和冲突，它们还需要依赖物质、技术和信息的逐渐累积。要想让一些事件联系在一起发生，之前必须要有其他事情先发生。不同的事件流和路径需要相互等待，直到出现特定的发展。另一方面，我们很容易注意到农业在世界不同地区差不多在相同时间出现，用于运输的轮子也大约在相同时间被发明于欧洲和亚洲，伊恩·莫里斯也提到能量获取能力提升的整体趋势在全球不同的较发达地区都是相似的。我认为，相互依赖网络开创了一些发展路径，一旦达到某个阈值，我们就很难再回头。

因此，人类演化是偶然事件和事先决定的结合。人－物纠缠有着明显的方向性，这种方向性既有特殊的方向也有一般的方向，正如远洋巨轮和国际轮船，一旦出发就很难回头。但我们总是可以让能动性发挥作用，让新的联系产生，提出新的路径建议。我们可以对人与物之间的纠缠进行批判性的评价和衡量，实施新的选择。因此在分布广泛的纠缠中撇清责任是不对的，我们可以干预纠缠，问题是如何干预。

一直以来的做法已经难以为继

本书是一种思维训练，帮助我们注意一个显然的现象——人造物数量随时间不断增长——并提出一个最简单的问题：为什么？也许有人会说答案太显而易见了。我曾说过人类这个物种的独特之处在于他们用物解决问题的能力。人类，匠人，会制作物，所以他们随时间的推移制作和累积更多物不是一件显然的事吗？答案不就是人类用物来让自己活得更好、更富有、更舒服、更健康、更便捷、更愉悦吗？人类不是本质上就有竞争性、会不断索取吗？人们使用物不就是为了能比别人拥有更大的权力吗？

通过本书，我希望读者们能知道答案并不像这些不假思索的回答这般简单，这些貌似显然的回答并不能解释整体上人造物的数量为什么会增加。在很长一段时间内，现代人（指晚期智人）可以用很少的物品生活，在世界很多地区他们一直到有历史记载的时期都是如此。现代人至少在10万年前就出现了，但物质材料增长速率直到1万年前才开始显著提升。甚至直到最近几百年，物质累积的速度也相对缓慢。现代人在大约7万年前扩散至澳大利亚，他们发展出了与物质世界极为成功的可持续关系，但他们并没有大规模制造物质商品。上面那些不假思索的回答并不能解释这种模式，也不能解答这种现象为什么会和呈现指数型物质增长的世界其他地方同时存在。

但那些看似显然的回答最关键的问题或许在于它们对于人之所以为人这一问题的预设前提。在本书中我预设了人类的一个基本前提——他们依赖物。但我没有预设人类"本质上"是竞争的、不断索取的或者累积的，或者他们有这样那样的普遍目标。相反，我认为人类这些所有的方面都是人与物之间特定关系的产物。我们是什么样的人取决于我们与什么样的物纠缠在一起，我们走上了不同的路径，并与环境和彼此构建起不同的关系。

这并不意味着我们可以把环境破坏和大规模不平等的责任推到物身上。这本书并不是反物质主义的小册子，把责任推诿给物品也毫无意义。我们的发展路径造成了全球变暖、大规模全球贫困以及无止无尽的暴力，但这并不是物的错。作为人类，我们没法放弃所有的物，过上非物质的生活，我们就是物质的存在，但我们可以探索一些新的道路，让我们不那么依赖物质商品，并寻求社会、经济和政治的办法以遏制我们对物质累积的执念，我们还需要更加注意物是如何诱惑我们满足它们的需求和喜好。当然，我并不是说我们要反对技术性的解决办法，回到过去的生活。我在书中曾论证过现代技术手段长期来看可能只会增加纠缠和复杂的关联。现代试图解决环境变化的那些技术手段，那些地球工程或者环境工程实际上都很令人担忧。[13] 我们不能继续我们一直在做的事情了——寻找短期的技术方案并使我们陷入长期的困境中。我们需要更认真地考虑其他方案，以改变自身以及整个时代对物的瘾，与此同时我们还要更具批判精神地衡量物散发出来的纠缠链条，这些纠缠我们往往视而不见。我们应当努力从纠缠中挣脱出来，去逆流而上，去找寻其他方案，并放慢脚步。我们还是会依赖物，但我们也应当明智地、思虑纯熟地、批判地追踪因果链条。我们应该多一些"智慧"，少一些"匠气"。

注释

序言

1 例如可以参考 Van der Leeuw et al., "Toward an Integrated History"; Verburg et al., "Methods and Approaches"; Young et al., "Globalization of Socio-Ecological Systems".

2 随着近几十年来新化石以及新的人科成员的发现，智人演化的故事越发复杂（可以参考 Barras 明白晓畅的总结："*Where Did We Really Come From?*"）我们一般很难知道石制品是哪种早期人属动物制作的，而且不管在什么情况下，早期有机材料制作的工具都不可能保存下来。我们现在还清楚地知道猿类和其他很多动物也会使用某种形式的工具。然而，我在书中认为人科动物有些与众不同的特性导致智人成为工具（目前已知最早的石器由南方古猿使用）和象征物（最早可能为直立人所用）的制作者和使用者。

3 例如可以参考 Antal and Van den Bergh, "Macroeconomics"; Heinberg: *End of Growth*; Dietz and O'Neil: *Enough Is Enough*.

第一章　问题的提出

1　　Morris, *Why the West Rules*.

2　　Baumard et al., "Increased Affluence"；Morris, *Why the West Rules*;
　　　Morris, *Measure of Civilization*.

3　　Shennan, "Demographic Continuities and Discontinuities"；Hodder,
　　　Studies in Human-Thing Entanglement, 147.

4　　Cane, *First Footprints*.

5　　Renfrew, "Symbol before Concept", 128.

6　　Hodder, Çatalhöyük; Zeder, "Neolithic Macro-(R)Evolution".

7　　Astruc, Tkaya, and Torchy, "De L'efficacité des Faucilles Néolithiques".

8　　Maeda et al., "Narrowing the Harvest".

9　　Quick, *Grain Harvesters*, 18. 同时可参见 Lee, *Harvests*.

10　Rooijakkers, "Spinning Animal Fibres"；Zeder, "Neolithic Macro-(R)
　　　Evolution".

11　Mary MacVean, "For Many People, Gathering Possessions Is Just the
　　　Stuff of Life", *LA Times*, March 21, 2014.

12　Trentmann, *Empire of Things*.

13　Hodder, *Symbols in Action*.

14　http://www.worldwatch.org/node/810. Accessed January 12, 2018.

15　http://www.deptofnumbers.com/income/us/. Accessed January 14, 2018.

16　Darwin, *Origin of Species*; Laland, Odling-Smee, and Feldman, "Niche
　　　Construction"；Smith, "Cultural Niche Construction Theory".

17　关于棉花对环境的影响可以参考 https://www.huffingtonpost.com/

mattias-wallander/t-shirt -environment_b_1643892.html. Accessed January 12, 2018. US transport sector from http://www.ussusa.org.

18　关于转基因作物的信息可以参考 *The Guardian*, June 13, 2012. https://
www.theguardian.com/environment/2012/jun/13/gm-crops-environment-
study. Accessed January 12, 2018。关于合成纤维可以参考 Beckert,
Empire of Cotton. 关于环境工程，可以参考 https://www.theatlantic.
com/magazine/archive/2009/07/re-engineering-the-earth/307552/ and
Hamilton, *Earthmasters.*

第二章　进步的观念

1　Bury, *Idea of Progress*; Tarlow, *Archaeology of Improvement*; Nisbet,
History of the Idea of Progress.

2　Albright, "Jordan Valley".

3　Nisbet, *History of the Idea of Progress.*

4　Bergson, *Creative Evolution*, xiii. 这几段中柏格森的其他引文出自
87、102、103、104、251 页。

5　White, *Evolution of Culture*, 39. 类似观点的当代阐述可以参见 Judson,
"Energy Expansions of Evolution"。这几段中怀特的其他引文出自
33、35、37、42、80 页。

6　Trigger, *"Alternative Archaeologies".*

7　Smith, "Culture Niche Construction Theory", 260. 还可以参考 Zeder,
"Domestication as a Model System"; Zeder and Smith, "Conversation
on Agricultural Origins", 688; Zeder and Spitzer, "New Insights into
Broad Spectrum Communities".

8 如果想了解相反的观点，可以参考 Kremer, "Population Growth and Technological Change"。

9 Stewart, *Evolution's Arrow*.

10 Huxley, *UNESCO*, 9-10.

11 参考 Young et al., "Globalization of Socio-Ecological Systems"; Verburg et al., "Methods and Approaches to Modeling the Anthropocene"; and Van der Leeuw el al., "Toward an Integrated History to Guide the Future". 如果想了解考古学中另一种对复杂性的讨论，可以参考 Kohler, "Complex Systems and Archaeology"。

12 Dupuy, *Le Sacrifice et l'Envie*.

13 McShea and Brandon, *Biology's First Law*.

14 例如 Shennan, *Genes, Memes, and Human History*.

15 Lineweaver, Davies, and Ruse, "What Is Complexity?"

16 Campbell, *Romantic Ethic*.

第三章　生物演化可以提供答案吗？

1 Boyd and Richerson, *Culture and the Evolutionary Process*; Shennan, *Genes, Memes, and Human History*.

2 Darwin, *Origin of Species*; Dawkins, *Selfish Gene*; 还可以参考 Francchia and Lewontin, "Does Culture Evolve?"。

3 Nisbet, *History of the Idea of Progress*, 173.

4 Gould, *Wonderful Life*. 文中引文出自第 228 页。

5 Heim, et al., "Cope's Rule".

6 Benton, "Progress and Competition", 306-307.

7   Francchia and Lewontin, "Does Culture Evolve?", 515. 如果想了解不同科学家提出的不同生物复杂性的测量方法，可以参考 Lineweaver, Davies, and Ruse, "What Is Complexity?"。

8   例如 Huxley, *UCESCO.*

9   Benton, "Progress and Competition". 文中引文出自第 330 页。

10   Bergson, *Creative Evolution*, 87.

11   Gould, *Wonderful Life*; Godinot, "Hasard et Direction".

12   Caldwell and Millen, "Studying Cumulative Culture Evolution"; Boyd and Richerson, *Culture and the Evolutionary Process*; Shennan, *Genes, Memes, and Human History*; Bateson, "Behavioural Development"; Hinde and Fisher, "Further Observations"; Hirata, Watanabe, and Masao, "Sweet-Potato Washing' Revisited"; Sherry and Galef, "Cultural Transmission".

13   Dawkins, *Selfish Gene*. Boyd and Richerson, *Culture and the Evolutionary Process*; Shennan, *Genes, Memes, and Human History*; Durham, "When Culture Affects Behavior".

14   Barrett, "Material Construction of Humanness".

15   Lewontin, *Triple Helix*, 20.

16   Bergson, *Creative Evolution*, 58.

17   Jablonka and Lamb, "Précis of Evolution".

18   Gibert, Bosch, and Ledón-Rettig, "Eco-Evo-Devo".

19   Barad, *Meeting the Universe Halfway*.

20   Keller, "From Gene Action to Reactive Genomes." 文中引文出自第 2428 页。

21   Dickins and Rahman, "Extended Evolutionary Synthesis"; Jablonka

and Lamb, "Précis of Evolution"；Mesoudi et al., "Is Non-Genetic Inheritance Just a Proximate Mechanism?" Abouheif et al., "Eco-Evo-Devo"；Gilbert, Bosch, and Ledón-Rettig, "Eco-Evo-Devo".

22　Hodder, Çatalhöyük.

23　Zhou, "Bioarcheological Assemblages at Çatalhöyük".

24　Freeman, "Neolithic Revolution".

25　Larsen, "Agricultural Revolution".

26　Barad, *Meeting the Universe Halfway*.

27　Rosell et al., "Ecological Impact of Beavers"；Butler and Malanson, "Geomorphic Influences of Beaver Dams".

28　Collen and Gibson, "General Ecology of Beavers"；Naiman, Johnston, and Kelly, "Alteration of North American Streams".

29　Collen and Gibson, "General Ecology of Beavers", 440. 同时也可以参考 Rosell et al., "Ecological Impact of Beavers"。

30　Morgan, *American Beaver*, 95.

31　Miller, "Beaver Damage Control"；Arner, "Production of Duck Food".

32　Miller, "Beaver Damage Control".

33　Leslie, "Age of Consequences", 83.

34　Harrington, "Plundering the Three Gorges".

35　Hassan, "Aswan High Dam".

36　Mitchell, *Rules of Experts*.

37　Hassan, "Aswan High Dam", 75.

38　Bradley, *Past in Prehistoric Societies*; Lowenthal, *Past Is a Foreign Country*.

39　Hassan, "Aswan High Dam".

40   Morgan, *American Beaver*, 99.

41   Ibid., 249, 263.

第四章　人与物

1   Laland, "Exploring Gene-Culture Interactions"；Laland and O'Brien, "Niche Construction Theory"；Odling-Smee, Laland, and Feldman, Niche Construction; Rowley-Conwy and Layton, "Foraging and Farming"；Smith, "Niche Construction"；Sterelny and Watkins, "Neolithization in Southwest Asia"；Zeder and Smith, "Conversation on Agricultural Origins"；Boivin et al., "Ecological Consequences of Human Niche Construction".

2   Heidegger, *Poetry, Language, Thought*.

3   Hodder, *Entangled*; *Studies in Human-Thing Entanglement*.

4   Bergson, *Creative Evolution*, ix.

5   参考 Beckert, *Empire of Cotton*; Fitton, *Arkwrights*; Hills, "Hargreaves, Arkwright, and Crompton".

6   Berkert, *Empire of Cotton*, xix.

7   Tsing, *Mushroom at the End of the World*; Mitchell, *Carbon Democracy*.

8   Gowlett and Wrangham, "Earliest Fire in Africa"；Burton, *Fire*; Wrangham, *Catching Fire*; Glikson, "Fire and Human Evolution"；Roebroeks and Villa, "On the Earliest Evidence".

9   Burton, *Fire*, 10.

10   Dunbar, "Neocortex Size as a Constraint".

11   Aiello and Wheeler, "Expensive-Tissue Hypothesis"；Wrangham, *Catching Fire*, 112.

12   Wrangham, *Catching Fire*, 2.

13   Dickson, Oeggl, and Handley, "Iceman Reconsidered".

14   Glikson, "Fire and Human Evolution".

15   Minter, *Funkyard Planet*.

16   R. W. Neal, "Apple iPhone Uses More Energy Than a Refrigerator?
      Report Examines Environmental Impact of Global Tech Ecosystem",
      International Business Times, August 16, 2013.

17   Mills, *Cloud Begins with Coal*.

18   Stearns, *Consumerism in World History*.

19   Debord, *La Société du Spectacle*; Marcuse, *One-Dimensional Man*;
      Stearns, *Consumerism in World History*; Veblen, *Theory of the Leisure
      Class*; Campbell, *Romantic Ethic*.

第五章　依附网络

1   Heidegger, *Poetry, Language, Thought*.

2   Fuller, "Contrasting Patterns in Crop Domestication"; Maeda et al.,
      "Narrowing the Harvest". 其他观点可参见 Tzarfati et al., "Threshing
      Efficiency"。

3   Booth, *Opium*.

4   Ibid., 105.

5   Hanes and Sanello, *Opium Wars*, 1.

6   Booth, *Opium*, 139.

7   Ibid., 257.

8   Ibid., 290-291.

9　Ibid., 343.

10　Darwin, *Origins of Species*.

11　Deleuze and Guattari, *Thousand Plateaus*.

12　Strathern, *Gender of the Gift*.

13　Nuttall, *Entanglement*, 3.

14　Thomas, *Entangled Objects*, 14, 207.

15　Martindale, "Entanglement and Tinkering".

16　Bourdieu, *Outline of a Theory of Practice*; Miller, *Material Culture and Mass Consumption*; Meskell, *Archaeologies of Materiality*; Malafouris, "Metaplasticity"; Watts, *Relational Archaeologies*; Olsen et al., *Archaeology*.

17　Latour, *ARAMIS*; "Agency"; "On Recalling ANT"; *Reassembling the Social*; Harman, "Entanglement".

18　Law, "After ANT", 3.

19　Ingold, "Bringing Things Back to Life".

20　Barad, *Meeting the Universe Halfway*. Karen Barad 在本书中讨论的纠缠是指思维和物质世界的不可分割性，这一点我同意，但我对纠缠的定义更加具体。

21　例如 Leroi-Gourhan, *L'Homme et la Matière*; Leroi-Gourhan, *Gesture and Speech*; Lemonnier, Technological Choices; Schiffer, Formation Processes.

22　纠缠一词常常用于讨论全球网络，一个很好的例子是 Anna Tsing 关于日本松茸的著作 *Mushrooms at the End of the World*。在此书中，她频频使用纠缠一词来描述异质性、情景化、开放性、有时又矛盾的关联。在 *Facing Gaia* 中，拉图尔用纠缠一词表示类似的含义，不过他更多强调的是分散的能动性而非物彼此间的关联。

第六章 变化的产生

1 英国机械工程师协会的报告可以参考：http://www.imeche.org/policy-and-press/reports/detail/global-food-waste-not-want-not. 美国的报告可以参考：http://www.farms.com/ag-industry-news/u-s-165-billion-food-waste-dilemma-669.aspx.

2 http://www.washintonpost.com/news/wonk/wp/2016/01/13/no-one-understands-baby-carrots/?utm_term=.c57b67f57092.

3 Shennan, *Genes, Memes, and Human History*; Hodder, *Studies in Human-Thing Entanglement*, 147.

4 Hodder, "Things and the Slow Neolithic".

5 Hardy, Tess of the d'Urbervilles, 本段原文引用的文字来自第 444-445 页（译文引自张谷若先生译本，北京：人民文学出版社，1984 年版——译者注）。

6 Meadowsong, "Thomas Hardy the Machine", 234.

7 Hardy, Tess of the d'Urbervilles, 第 446-448 页（译文引自张谷若先生译本——译者注）。

8 Lee, *Harvest and Harvesting*; Long, "Development of Mechanization in English Farming".

9 Lee, *Harvest and Harvesting*, 149.

第七章 路径依赖与两种方向性

1 Carr and Wiemers, "Decline in Lifetime Earnings Mobility".

2　Core, "Globalization", 2.

3　Hodder, *Symbols in Action*.

4　Wang et al., "Quantifying the Waddington Landscape"; Pierson, "Increasing Returns"; Mahoney, "Path Dependence".

5　David, "Clio and Economics of QWERTY".

6　Arthur, *Increasing Returns and Path Dependency*.

7　Bulliet, *Wheel*.

8　Fuller and Rowlands, "Towards a Long-Term Macro-Geography", 23, 147.

9　Mitchell, *Carbon Democracy*, 238.

10　Mullin, "Henry Ford and Field and Factory".

11　Balter, "Archaeologists Say the 'Anthropocene' Is Here"; Glikson, "Fire and Human Evolution".

第八章　这个问题为什么重要

1　Sveiby, "Aboriginal Principles for Sustainable Development"; "Collective Leadership with Power Symmetry".

2　感谢安娜·费根对本节相关想法和参考文献的贡献。

3　Langton, "Emerging Environmental Issue"; Gammage, *Biggest Estate on Earth*.

4　Bird et al., "'Fire Stick Farming' Hypothesis"; Bowman, Walsh, and Prior, "Landscape Analysis of Aboriginal Fire Management"; Russel-Smith et al., "Aboriginal Resource Utilization".

5　Gammage, *Biggest Estate on Earth*.

6   Jones, "They Made It a Living Thing, Didn't They…?"

7   Byrne, "Buddhist Stupa".

8   Von Grebmer et al., *2015 Global Hunger Index*; 全球不平等加剧的数据可以参考 Deaton, *Great Escape*。

9   Ladurie, *Montaillou*.

10 Hodder and Lucas, "Symmetries and Asymmetries of Human-Thing Relations".

11 Morris, *Life's Solution*.

12 De Duve, *Singularities*. 下一节的引用参见第 235 页。

13 Hamilton 的 *Earthmasters* 一书中描述了一些例子，如向海洋施铁肥、给云美白、向高层大气喷洒硫酸盐气溶胶。

参考文献

Abouheif, E., M. J. Favé, A. S. Ibarrarán-Viniegra, M. P. Lesoway, A. R. M. Rafiqi, and R. Rajakumar. "Eco-Evo-Devo: The Time Has Come." In *Ecological Genomics: Ecology and the Evolution of Genes and Genomes*, edited by C. R. Landry and N. Aubin-Horth, 107–25. Dordrecht: Springer Netherlands, 2014.

Aiello, L. C., and P. Wheeler. "The Expensive-Tissue Hypothesis: The Brain and the Digestive System in Human and Primate Evolution." *Current Anthropology* 36, no. 2 (1995): 199–221.

Albright, W. F. "The Jordan Valley in the Bronze Age." *Annual of the American Schools of Oriental Research* 6 (1924): 13–74.

Antal, M., and J. C. Van den Bergh. "Macroeconomics, Financial Crisis, and the Environment: Strategies for a Sustainability Transition." *Environmental Innovation and Societal Transitions* 6 (2013): 47–66.

Arner, D. H. "Production of Duck Food in Beaver Ponds." *Journal of Wildlife Management* 27, no. 1 (1963): 76–81.

Arthur, W. B. *Increasing Returns and Path Dependence in the Economy.* Ann Arbor: University of Michigan Press, 1994.

Astruc, L., M. B. Tkaya, and L. Torchy. "De L'efficacité des Faucilles Néolithiques au Proche-Orient: Approche Expérimentale." *Bulletin de la Société Préhistorique Française* 109, no. 4 (2012): 671–87.

Balter, M. "Archaeologists Say the 'Anthropocene' Is Here—But It Began Long Ago." *Science* 340, no. 6130 (2013): 261–62.

Barad, K. *Meeting the Universe Halfway: Quantum Physics and the Entanglement of Matter and Meaning.* Durham, NC: Duke University Press, 2007.

Barras, C. "Where Did We Really Come From? Untangling the New Story of Human Evolution." *New Scientist* 3140 (2017): 28–33.

Barrett, J. C. "The Material Constitution of Humanness." *Archaeological Dialogues* 21, no. 1 (2014): 65–74.

Bateson, P. P. "Behavioural Development and Evolutionary Processes." In *Current Problems in Sociobiology*, edited by King's College Sociobiology Group, 363–80. Cambridge: Cambridge University Press, 1982.

Baumard, N., A. Hyafil, I. Morris, and P. Boyer. "Increased Affluence Explains the Emergence of Ascetic Wisdoms and Moralizing Religions." *Current Biology* 25, no. 1 (2015): 10–15.

Beckert, S. *Empire of Cotton: A Global History.* New York: Vintage, 2014.

Benton, M. J. "Progress and Competition in Macroevolution." *Biological Reviews* 62, no. 3 (1987): 305–38.

Bergson, H. *Creative Evolution.* New York: Holt, 1911.

Bird, R. B., D. W. Bird, B. F. Codding, C. H. Parker, and J. H. Jones. "The 'Fire Stick Farming' Hypothesis: Australian Aboriginal Foraging Strategies, Biodiversity, and Anthropogenic Fire Mosaics." *Proceedings of the National Academy of Sciences* 105, no. 39 (2008): 14796–801.

Boivin, N. L., M. A. Zeder, D. Q. Fuller, A. Crowther, G. Larson, J. M. Erlandson, T. Denham, and M. D. Petraglia. "Ecological Consequences of

Human Niche Construction: Examining Long-Term Anthropogenic Shaping of Global Species Distributions." *Proceedings of the National Academy of Sciences* 113, no. 23 (2016): 6388–96.

Booth, Martin. *Opium: A History.* New York: St. Martin's Griffin, 1996.

Bourdieu, P. *Outline of a Theory of Practice.* Cambridge: Cambridge University Press, 1977.

Bowman, D. M., A. Walsh, and L. D. Prior. "Landscape Analysis of Aboriginal Fire Management in Central Arnhem Land, North Australia." *Journal of Biogeography* 31, no. 2 (2004): 207–23.

Boyd, R., and P. J. Richerson. *Culture and the Evolutionary Process.* Chicago: University of Chicago Press, 1985.

Bradley, R. *The Past in Prehistoric Societies.* London: Routledge, 2002.

Bulliet, R. W. *The Wheel: Inventions and Reinventions.* New York: Columbia University Press, 2016.

Burton, F. D. *Fire: The Spark That Ignited Human Evolution.* Albuquerque: University of New Mexico Press, 2009.

Bury, J. B. *The Idea of Progress. An Inquiry into Its Origin and Growth.* New York: Mineola, 1987.

Butler, D. R., and G. P. Malanson. "The Geomorphic Influences of Beaver Dams and Failures of Beaver Dams." *Geomorphology* 71, no. 1 (2005): 48–60.

Byrne, D. "Buddhist Stupa and Thai Social Practice." *World Archaeology* 27, no. 2 (1995): 266–81.

Caldwell, C. A., and A. E. Millen. "Studying Cumulative Cultural Evolution in the Laboratory." *Philosophical Transactions of the Royal Society of London B: Biological Sciences* 363, no. 1509 (2008): 3529–39.

Campbell, C. *The Romantic Ethic and the Spirit of Modern Consumerism.* Oxford: Blackwell, 1987.

Cane, S. *First Footprints: The Epic Story of the First Australians.* Crows Nest, Australia: Allen and Unwin, 2013.

Carr, M., and E. E. Wiemers. "The Decline in Lifetime Earnings Mobility in the US: Evidence from Survey-Linked Administrative Data." Department of Economics, University of Massachusetts, Boston, 2016. http://www.solejole. org/16399.pdf.

Collen, P., and R. J. Gibson. "The General Ecology of Beavers (Castor Spp.), as Related to Their Influence on Stream Ecosystems and Riparian Habitats, and the Subsequent Effects on Fish—A Review." *Reviews in Fish Biology and Fisheries* 10, no. 4 (2000): 439–61.

Darwin, C. *The Origin of Species.* New York: Penguin, 1859.

David, P. A. "Clio and the Economics of QWERTY." *American Economic Review* 75, no. 2 (1985): 332–37.

Dawkins, R. *The Selfish Gene.* Oxford: Oxford University Press, 1976.

Deaton, A. *The Great Escape: Health, Wealth, and the Origins of Inequality.* Princeton, NJ: Princeton University Press, 2013.

Debord, G. *La Société du Spectacle.* Paris: Buchet-Chastel, 1967.

De Duve, C. *Singularities.* Cambridge: Cambridge University Press, 2005.

Deleuze, G., and F. Guattari. *A Thousand Plateaus.* Translated by B. Massumi. London: Continuum, 2004.

Descola, P. *In the Society of Nature: A Native Ecology in Amazonia.* Cambridge: Cambridge University Press, 1994.

Diamond, J. *Guns, Germs, and Steel: The Fates of Human Societies.* New York: Norton, 1997.

Dickins, T. E., and Q. Rahman. "The Extended Evolutionary Synthesis and the Role of Soft Inheritance in Evolution." *Proceedings of the Royal Society B* 279, no. 1740 (2012): 2913–21.

Dickson, J. H., K. Oeggl, and L. L. Handley. "The Iceman Reconsidered."

Scientific American 288, no. 5 (2003): 70–79.

Dietz, R., and D. W. O'Neill. *Enough Is Enough: Building a Sustainable Economy in a World of Finite Resources*. London: Routledge. 2013.

Dunbar, R. I. "Neocortex Size as a Constraint on Group Size in Primates." *Journal of Human Evolution* 22, no. 6 (1992): 469–93.

Dupuy, J. P. *Le Sacrifice et l'Envie. Le Libéralisme aux Prises avec la Justice Sociale*. Paris: Calmann-Lévy, 1992.

Durham, W. H. "When Culture Affects Behavior: A New Look at Kuru." In *Explaining Culture Scientifically*, edited by M. Brown, 139–61. Seattle: University of Washington Press, 2008.

Fitton, R. S. *The Arkwrights: Spinners of Fortune*. Manchester: Manchester University Press, 1989.

Fracchia, J., and R. C. Lewontin. "Does Culture Evolve?" *History and Theory* 38, no. 4 (1999): 52–78.

Freeman, H. J. "The Neolithic Revolution and Subsequent Emergence of the Celiac Affection." *International Journal of Celiac Disease* 1, no. 1 (2013): 19–22.

Fuller, D. Q. "Contrasting Patterns in Crop Domestication and Domestication Rates: Recent Archaeobotanical Insights from the Old World." *Annals of Botany* 100, no. 5 (2007): 903–24.

Fuller, D. Q., and M. Rowlands. "Toward a Long-Term Macro-Geography of Cultural Substances: Food and Sacrifice Traditions in East, West, and South Asia." *Chinese Review of Anthropology* 12 (2009): 1–37.

Fuller, D. Q., C. Stevens, L. Lucas, C. Murphy, and L. Qin. "Entanglements and Entrapment on the Pathway toward Domestication." In *The Archaeology of Entanglement*, edited by L. Der and F. Fernandini, 151–72. Walnut Creek, CA: Left Coast Press, 2016.

Gammage, W. *The Biggest Estate on Earth: How Aborigines Made Australia*.

London: Allen & Unwin, 2011.

Gilbert, S. F., T. C. Bosch, and C. Ledón-Rettig. "Eco-Evo-Devo: Developmental Symbiosis and Developmental Plasticity as Evolutionary Agents." *Nature Reviews Genetics* 16, no. 10 (2015): 611–22.

Glikson, A. "Fire and Human Evolution: The Deep-Time Blueprints of the Anthropocene." *Anthropocene* 3 (2013): 89–92.

Godinot, M. "Hasard et Direction en Histoire Évolutive." *Laval Théologique et Philosophique* 61, no. 3 (2005): 497–514.

Gore, C. "Globalization, the International Poverty Trap and Chronic Poverty in the Least Developed Countries." Chronic Poverty Research Center Working Paper No. 30, United Nations—Conference on Trade and Development (UNCTAD), Geneva, 2003. http://ssrn.com/abstract=1754435.

Gould, S. J. *Wonderful Life. The Burgess Shale and the Nature of History.* London: Norton, 1989.

Gowlett, J. A., and R. W. Wrangham. "Earliest Fire in Africa: Toward the Convergence of Archaeological Evidence and the Cooking Hypothesis." *Azania: Archaeological Research in Africa* 48, no. 1 (2013): 5–30.

Hamilton, C. *Earthmasters: The Dawn of the Age of Climate Engineering.* New Haven, CT: Yale University Press, 2014.

Hanes, W. T., and F. Sanello. *The Opium Wars.* Naperville, IL: Sourcebooks, 2002.

Hardy, T. *Tess of the d'Urbervilles.* Oxford: Clarendon Press, 1892.

Harman, G. "Entanglement and Relation: A Response to Bruno Latour and Ian Hodder." *New Literary History* 45, no. 1 (2014): 37–49.

Harrington, S. "Plundering the Three Gorges." *Archaeology*, May 14, 1998. archive.archaeology.org/online/news/china.html.

Hassan, F. A. "The Aswan High Dam and the International Rescue Nubia Campaign." *African Archaeological Review* 24, no. 3–4 (2007): 73–94.

Heidegger, M. *Poetry, Language, Thought.* Translated by A. Hofstadter. London: Harper, 1971.

Heim, N. A., M. L. Knope, E. K. Schaal, S. C. Wang, and J. L. Payne. "Cope's Rule in the Evolution of Marine Animals." *Science* 347, no. 6224 (2015): 867–70.

Heinberg, R. *The End of Growth: Adapting to Our New Economic Reality.* Gabriola Island, Canada: New Society Publishers, 2011.

Hills, R. L. "Hargreaves, Arkwright, and Crompton. Why Three Inventors?" *Textile History* 10, no. 1 (1979): 114–26.

Hinde, R. A., and J. Fisher. "Further Observations on the Opening of Milk Bottles by Birds." *British Birds* 44 (1951): 393–96.

Hirata, S., K. Watanabe, and K. Masao. "'Sweet-Potato Washing' Revisited." In *Primate Origins of Human Cognition and Behavior*, edited by T. Matsuzawa, 487–508. Tokyo: Springer Japan, 2008.

Hodder, I. Çatalhöyük: *The Leopard's Tale.* London: Thames and Hudson, 2006.

——. *Entangled. An Archaeology of the Relationships between Humans and Things.* Oxford: Wiley Blackwell, 2012.

——. *Studies in Human-Thing Entanglement.* Stanford, CA: self-published, 2016. http://www.ian-hodder.com/books/studies-human-thing-entanglement.

——. *Symbols in Action.* Cambridge: Cambridge University Press, 1982.

——. "Things and the Slow Neolithic: The Middle Eastern Transformation." *Journal of Archaeological Method and Theory*, 2017. dOI:10.1007/ s10816-017-9336-0.

Hodder, I., and G. Lucas. "The Symmetries and Asymmetries of Human-Thing Relations: A Dialogue." *Archaeological Dialogues* 25, no. 1 (2017) 119–37.

Hodder, I. and A. Mol. "Network Analysis and Entanglement," *Journey of Archaeological Method* 23, Vol. 4 (2016): 1066–1094.

Huxley, J. *UNESCO: Its Purpose and Philosophy.* London: Euston Grove Press, 1946.

Ingold, T. "Bringing Things Back to Life: Creative Entanglements in a World of Materials." ESRC National Centre for Research Methods. Working Paper Series 05/10, Realities / Morgan Centre, University of Manchester, 2010. http://eprints.ncrm.ac.uk/1306/.

Jablonka, E., and M. J. Lamb. "Précis of Evolution in Four Dimensions." *Behavioral and Brain Sciences* 30, no. 4 (2007): 353–65.

Jones, S. "'They Made It a Living Thing, Didn't They . . . ?' The Growth of Things and the Fossilisation of Heritage." In *A Future for Archaeology: The Past in the Present*, edited by R. Layton, S. Shennan, and P. Stone, 107–22. London: UCL Press, 2006.

Judson, O. P. "The Energy Expansions of Evolution." *Nature Ecology and Evolution* 1, no. 0138 (2017). doi:10.1038/s41559-017-0138.

Keller, E. F. "From Gene Action to Reactive Genomes." *Journal of Physiology* 592, no. 11 (2014): 2423–29.

Kohler, T. A. "Complex Systems and Archaeology." In *Archaeological Theory Today*, edited by I. Hodder, 93–123. Cambridge, MA: Polity Press, 2012.

Kremer, M. "Population Growth and Technological Change: One Million BC to 1990." *Quarterly Journal of Economics* 108, no. 3 (1993): 681–716.

Ladurie, E. L. R. *Montaillou: Cathars and Catholics in a French Village, 1294–1324.* Hammondsworth: Penguin UK, 2013.

Laland, K. N. "Exploring Gene-Culture Interactions: Insights from Handedness, Sexual Selection, and Niche-Construction Case Studies." *Philosophical Transactions of the Royal Society B: Biological Sciences* 363, no. 1509 (2008): 3577–89.

Laland, K. N., and M. J. O'Brien. "Niche Construction Theory and Archaeology." *Journal of Archaeological Method and Theory* 17, no. 4

(2010): 303–22.

Laland, K. N., F. J. Odling-Smee, and M. W. Feldman. "Niche Construction, Ecological Inheritance, and Cycles of Contingency in Evolution." In *Cycles of Contingency: Developmental Systems and Evolution*, edited by S. Oyama, P. E. Griffiths, and R. D. Gray, 117–26. Cambridge, MA: MIT Press, 2001.

Langton, M. "Emerging Environmental Issues for Indigenous Peoples in Northern Australia." In *Quality of Human Resources: Gender and Indigenous Peoples*, edited by E. Barbieri-Masini, 84–111. Oxford: UNESCO-EOLSS, 2004.

Larsen, C. S. "The Agricultural Revolution as Environmental Catastrophe: Implications for Health and Lifestyle in the Holocene." *Quaternary International* 150, no. 1 (2006): 12–20.

Latour, B. "Agency at the Time of the Anthropocene." *New Literary History* 45, no. 1 (2014): 1–18.

—— . *ARAMIS, or the Love for Technology*. Cambridge, MA: Harvard University Press, 1996.

—— . *Facing Gaia*. Cambridge: Polity Press, 2017.

—— . "On Recalling ANT." In *Actor Network Theory and After*, edited by J. Law and J. Hassard, 15–25. Oxford: Blackwell and the Sociological Review, 1999.

—— . *Reassembling the Social: An Introduction to Actor-Network-Theory*. Oxford: Oxford University Press, 2005.

Law, J. "After ANT: Complexity, Naming, and Topology." In *Actor Network Theory and After*, edited by J. Law and J. Hassard, 1–14. Oxford: Blackwell and the Sociological Review, 1999.

Lee, N. E. *Harvests and Harvesting through the Ages*. Cambridge: Cambridge University Press, 1960.

Lemonnier, P., ed. *Technological Choices: Transformation in Material*

Cultures since the Neolithic. London: Routledge, 1993.

Leroi-Gourhan, A. *Gesture and Speech*. Cambridge, MA: MIT Press, 1993.

———. *L'Homme et la Matière*. Paris: Albin Michel, 1943.

Leslie, J. "The Age of Consequences: A Short History of Dams." In *Water Consciousness*, edited by T. Lohan, 82–97. San Francisco: AlterNet Books, 2008.

Lewontin, R. C. *The Triple Helix: Gene, Organism, and Environment*. Cambridge, MA: Harvard University Press, 2001.

Lineweaver, C. H., P. C. W. Davies, and M. Ruse. "What Is Complexity? Is it Increasing?" In *Complexity and the Arrow of Time*, edited by Charles H. Line-weaver, Paul C. W. Davies, and Michael Ruse, 3–16. Cambridge: Cambridge University Press, 2013.

Long, W. H. "The Development of Mechanization in English Farming." *Agricultural History Review* 11, no. 1 (1963): 15–26.

Lowenthal, D. *The Past Is a Foreign Country*. Cambridge: Cambridge University Press, 1999.

Maeda, O., L. Lucas, F. Silva, K. I. Tanno, and D. Q. Fuller. "Narrowing the Harvest: Increasing Sickle Investment and the Rise of Domesticated Cereal Agriculture in the Fertile Crescent." *Quaternary Science Reviews* 145 (2016): 226–37.

Mahoney, J. "Path Dependence in Historical Sociology." *Theory and Society* 29 (2000): 507–48.

Malafouris, L. "Metaplasticity and the Primacy of Material Engagement." *Time and Mind* 8, no. 4 (2015): 351–71.

Marcuse, H. *One-Dimensional Man: Studies in the Ideology of Advanced Industrial Society*. London: Routledge, 1967.

Martindale, A. "Entanglement and Tinkering: Structural History in the Archaeology of the Northern Tsimshian." *Journal of Social Archaeology* 9

(2009): 59–91.

McShea, D. W., and R. N. Brandon. *Biology's First Law: The Tendency for Diversity and Complexity to Increase in Evolutionary Systems*. Chicago: University of Chicago Press, 2010.

Meadowsong, Z. "Thomas Hardy and the Machine: The Mechanical Deformation of Narrative Realism in *Tess of the d'Urbervilles*." *Nineteenth-Century Literature* 64, no. 2 (2009): 225–48.

Meskell, L., ed. *Archaeologies of Materiality*. London: John Wiley & Sons, 2008.

Mesoudi, A., S. Blanchet, A. Charmantier, E. Danchin, L. Fogarty, E. Jablonka, K. N. Laland, T. J. Morgan, G. B. Müller, F. J. Odling-Smee, and B. Pujol. "Is Non-Genetic Inheritance Just a Proximate Mechanism? A Corroboration of the Extended Evolutionary Synthesis." *Biological Theory* 7, no. 3 (2013): 189–95.

Miller, D. *Material Culture and Mass Consumption*. Oxford: Wiley, 1987.

Miller, J. E. "Beaver Damage Control." *Great Plains Wildlife Damage Control Workshop Proceedings* 200 (1975): 23–27. http://digitalcommons.unl.edu/gpwdcwp/200.

Mills, M. *The Cloud Begins with Coal: Big Data, Big Networks, Big Infrastructure, and Big Power—An Overview of the Electricity Used by the Global Digital Ecosystem*. National Mining Association / American Coalition for Clean Coal Electricity, 2013. https://www.tech-pundit.com/wp-content/uploads/2013/07/ Cloud_Begins_With_Coal.pdf?c761ac&c761ac.

Minter, A. *Junkyard Planet*. New York: Bloomsbury Press, 2013.

Mitchell, T. *Carbon Democracy. Political Power in the Age of Oil*. New Haven, CT: Yale University Press, 2011.

—— . *The Rule of Experts: Egypt, Techno-Politics, Modernity*. Berkeley: University of California Press, 2002.

Morgan, L. H. *The American Beaver and His Works*. Philadelphia: Lippincott, 1868.

Morris, I. *The Measure of Civilization: How Social Development Decides the Fate of Nations*. Princeton, NJ: Princeton University Press, 2013.

——. *Why the West Rules—For Now: The Patterns of History and What They Reveal about the Future*. London: Profile Books, 2010.

Morris, S. C. *Life's Solution: Inevitable Humans in a Lonely Universe*. Cambridge: Cambridge University Press, 2003.

Mullin, J. R. "Henry Ford and Field and Factory: An Analysis of the Ford Sponsored Village Industries Experiment in Michigan, 1918–1941." *Journal of the American Planning Association* 48, no. 4 (1982): 419–31.

Naiman, R. J., C. A. Johnston, and J. C. Kelley. "Alteration of North American Streams by Beaver." *BioScience* 38, no. 11 (1998): 753–62.

Nisbet, R. A. *History of the Idea of Progress*. New Brunswick, NJ: Transaction Publishers, 1980.

Nuttall, S. *Entanglement. Literary and Cultural Reflections on Post-Apartheid*. Johannesburg: Witwatersrand University Press, 2009.

Odling-Smee, F. J., K. N. Laland, and M. W. Feldman. *Niche Construction: The Neglected Process in Evolution*. Princeton, NJ: Princeton University Press, 2003.

Olsen, B., M. Shanks, T. Webmoor, and C. Witmore. *Archaeology: The Discipline of Things.* Berkeley: University of California Press, 2012.

Pierson, P. "Increasing Returns, Path Dependence, and the Study of Politics." *American Political Science Review* 94, no. 2 (2000): 251–67.

Quick, G. E. *The Grain Harvesters*. St. Joseph, MI: American Society of Agricultural Engineers, 1978.

Renfrew, C. "Symbol before Concept." In *Archaeological Theory Today*, edited by I. Hodder, 122–40. Cambridge: Polity Press, 2001.

Roebroeks, W., and P. Villa. "On the Earliest Evidence for Habitual Use of Fire in Europe." *Proceedings of the National Academy of Sciences* 108, no. 13 (2011): 5209–14.

Rooijakkers, C. T. "Spinning Animal Fibres at Late Neolithic Tell Sabi Abyad, Syria?" *Paléorient* 38, no. 1 (2012): 93–109.

Rosell, F., O. Bozser, P. Collen, and H. Parker. "Ecological Impact of Beavers Castor Fiber and Castor Canadensis and Their Ability to Modify Ecosystems." *Mammal Review* 35, no. 3-4 (2005): 248–76.

Rowlands, M., and D. Q. Fuller. "Moudre ou Faire Bouiller?" *Techniques & Culture* 52–53 (2009): 120–47.

Rowley-Conwy, P., and R. Layton. "Foraging and Farming as Niche Construction: Stable and Unstable Adaptations." *Philosophical Transactions of the Royal Society B: Biological Sciences* 366, no. 1566 (2011): 849–62.

Russell-Smith, J., D. Lucas, M. Gapindi, B. Gunbunuka, N. Kapirigi, G. Namingum, K. Lucas, P. Giuliani, and G. Chaloupka. "Aboriginal Resource Utilization and Fire Management Practice in Western Arnhem Land, Monsoonal Northern Australia: Notes for Prehistory, Lessons for the Future." *Human Ecology* 25, no. 2 (1997): 159–95.

Sagan, C. *Cosmos.* New York: Random House, 1996.

Schiffer, M. B. *Formation Processes of the Archaeological Record.* Albuquerque: University of New Mexico Press, 1987.

Shakespeare, William. *Hamlet.* Toronto: Oxford University Press, 1963.

Shennan, S. "Demographic Continuities and Discontinuities in Neolithic Europe: Evidence, Methods, and Implications." *Journal of Archaeological Method and Theory* 20, no. 2 (2013): 300–311.

——. *Genes, Memes, and Human History: Darwinian Archaeology and Cultural Evolution.* London: Thames and Hudson, 2002.

Sherry, D. F., and B. G. Galef. "Cultural Transmission without Imitation—Milk

Bottle Opening by Birds." *Animal Behaviour* 32 (1984): 937–38.

Smith, B. D. "A Cultural Niche Construction Theory of Initial Domestication." *Biological Theory* 6, no. 3 (2012): 260–71.

——. "Niche Construction and the Behavioral Context of Plant and Animal Domestication." *Evolutionary Anthropology: Issues, News, and Reviews* 16, no. 5 (2007): 188–99.

Stearns, P. N. *Consumerism in World History: The Global Transformation of Desire.* London: Routledge, 2006.

Sterelny, K., and T. Watkins. "Neolithization in Southwest Asia in a Context of Niche Construction Theory." *Cambridge Archaeological Journal* 25, no. 3 (2015): 673–91.

Stewart, J. *Evolution's Arrow: The Direction of Evolution and the Future of Humanity.* Canberra: Chapman Press, 2000.

Strathern, M. *The Gender of the Gift.* Berkeley: University of California Press, 1988.

Sveiby, K. E. "Aboriginal Principles for Sustainable Development as Told in Traditional Law Stories." *Sustainable Development* 17, no. 6 (2009): 341–56.

——. "Collective Leadership with Power Symmetry: Lessons from Aboriginal Prehistory." *Leadership* 7, no. 4 (2011): 385–414.

Tarlow, S. *The Archaeology of Improvement in Britain, 1750–1850.* Cambridge: Cambridge University Press, 2007.

Thomas, N. *Entangled Objects. Exchange, Material Culture, and Colonialism in the Pacific.* Cambridge, MA: Harvard University Press, 1991.

Trentmann, F. *Empire of Things. How We Became a World of Consumers, from the Fifteenth Century to the Twenty-First.* New York: Harper, 2016.

Trigger, B. G. "Alternative Archaeologies: Nationalist, Colonialist, Imperialist." *Man* 19 (1984): 355–70.

Tsing, A. *The Mushroom at the End of the World*. Princeton, NJ: Princeton University Press, 2015.

Tzarfati, R., Y. Saranga, V. Barak, A. Gopher, A. B. Korol, and S. Abbo. "Threshing Efficiency as an Incentive for Rapid Domestication of Emmer Wheat." *Annals of Botany* 112, no. 5 (2013): 829–37.

Unger-Hamilton, R. "The Epi-Palaeolithic Southern Levant and the Origins of Cultivation." *Current Anthropology* 30, no. 1 (1989): 88–103.

Van der Leeuw, S., R. Costanza, S. Aulenbach, S. Brewer, M. Burek, S. Cornell, C. Crumley, J. Dearing, C. Downy, L. Graumlich, and S. Heckbert. "Toward an Integrated History to Guide the Future." *Ecology and Society* 16, no. 4, part 2 (2011): 10.5751/ES-04341-160402.

Veblen, T. *The Theory of the Leisure Class: An Economic Study of Institutions*. New York: Macmillan, 1899.

Verburg, P. H., J. A. Dearing, J. G. Dyke, S. Van der Leeuw, S. Seitzinger, W. Steffen, and J. Syvitski. "Methods and Approaches to Modeling the Anthropocene." *Global Environmental Change* 39 (2016): 328–40.

Von Grebmer, K., J. Bernstein, A. de Waal, N. Prasai, S. Yin, and Y. Yohannes. *2015 Global Hunger Index: Armed Conflict and the Challenge of Hunger*. Bonn: International Food Policy Research Institute, 2015.

Wang, J., K. Zhang, L. Xu, and E. Wang. "Quantifying the Waddington Landscape and Biological Paths for Development and Differentiation." *Proceedings of the National Academy of Sciences* 108, no. 20 (2011): 8257–62.

Watts, C., ed. *Relational Archaeologies: Humans, Animals, Things*. London: Routledge, 2014.

White, L. A. *The Evolution of Culture*. New York: McGraw Hill, 1959.

Wrangham, R. *Catching Fire: How Cooking Made Us Human*. New York: Basic Books, 2009.

Young, O. R., F. Berkhout, G. C. Gallopin, M. A. Janssen, E. Ostrom, and S. Van der Leeuw. "The Globalization of Socio-Ecological Systems: An Agenda for Scientific Research." *Global Environmental Change* 16, no. 3 (2006): 304–16.

Zeder, M. A. "Domestication as a Model System for Niche Construction Theory." *Evolutionary Ecology* 30, no. 2 (2016): 325–48.

——. "The Neolithic Macro-(R)Evolution: Macroevolutionary Theory and the Study of Culture Change." *Journal of Archaeological Research* 17, no. 1 (2009): 1–63.

Trigger, B. G. "Alternative Archaeologies: Nationalist, Colonialist, Imperialist." *Man* 19 (1984): 355–70.

Tsing, A. *The Mushroom at the End of the World.* Princeton, NJ: Princeton University Press, 2015.

Tzarfati, R., Y. Saranga, V. Barak, A. Gopher, A. B. Korol, and S. Abbo. "Threshing Efficiency as an Incentive for Rapid Domestication of Emmer Wheat." *Annals of Botany* 112, no. 5 (2013): 829–37.

Unger-Hamilton, R. "The Epi-Palaeolithic Southern Levant and the Origins of Cultivation." *Current Anthropology* 30, no. 1 (1989): 88–103.

Van der Leeuw, S., R. Costanza, S. Aulenbach, S. Brewer, M. Burek, S. Cornell, C. Crumley, J. Dearing, C. Downy, L. Graumlich, and S. Heckbert. "Toward an Integrated History to Guide the Future." *Ecology and Society* 16, no. 4, part 2 (2011): 10.5751/ES-04341-160402.

Veblen, T. *The Theory of the Leisure Class: An Economic Study of Institutions.* New York: Macmillan, 1899.

Verburg, P. H., J. A. Dearing, J. G. Dyke, S. Van der Leeuw, S. Seitzinger, W. Steffen, and J. Syvitski. "Methods and Approaches to Modeling the Anthropocene." *Global Environmental Change* 39 (2016): 328–40.

Von Grebmer, K., J. Bernstein, A. de Waal, N. Prasai, S. Yin, and Y. Yohannes.

2015 Global Hunger Index: Armed Conflict and the Challenge of Hunger. Bonn: International Food Policy Research Institute, 2015.

Wang, J., K. Zhang, L. Xu, and E. Wang. "Quantifying the Waddington Landscape and Biological Paths for Development and Differentiation." *Proceedings of the National Academy of Sciences* 108, no. 20 (2011): 8257–62.

Watts, C., ed. *Relational Archaeologies: Humans, Animals, Things.* London: Routledge, 2014.

White, L. A. *The Evolution of Culture.* New York: McGraw Hill, 1959.

Wrangham, R. *Catching Fire: How Cooking Made Us Human.* New York: Basic Books, 2009.

Young, O. R., F. Berkhout, G. C. Gallopin, M. A. Janssen, E. Ostrom, and S. Van der Leeuw. "The Globalization of Socio-Ecological Systems: An Agenda for Scientific Research." *Global Environmental Change* 16, no. 3 (2006): 304–16.

Zeder, M. A. "Domestication as a Model System for Niche Construction Theory." *Evolutionary Ecology* 30, no. 2 (2016): 325–48.

——. "The Neolithic Macro-(R)Evolution: Macroevolutionary Theory and the Study of Culture Change." *Journal of Archaeological Research* 17, no. 1 (2009): 1–63.

Zeder, M. A., and B. D. Smith. "A Conversation on Agricultural Origins." *Current Anthropology* 50, no. 5 (2009): 681–90.

Zeder, M. A., and M. D. Spitzer. "New Insights into Broad Spectrum Communities of the Early Holocene Near East: The Birds of Hallan Çemi." *Quaternary Science Reviews* 151 (2016): 140–59.

Zhou, B. "Bioarchaeological Assemblages at Çatalhöyük: A Relational Examination of Porotic Hyperostosis and Cribra Orbitalia Etiologies and Transmissions." BA diss., Stanford University, 2016.

图书在版编目（CIP）数据

纠缠小史：人与物的演化 /（英）伊恩·霍德著；
陈国鹏译. —— 上海：文汇出版社，2022.4
ISBN 978-7-5496-3552-8

Ⅰ. ①纠… Ⅱ. ①伊… ②陈… Ⅲ. ①考古学–研究
Ⅳ. ①K86

中国版本图书馆 CIP 数据核字 (2021) 第 267868 号

版权登记图字 09-2022-0064

纠缠小史: 人与物的演化

作　　者/　[英]伊恩·霍德
译　　者/　陈国鹏
出版统筹/　杨静武
责任编辑/　何　璟
特邀编辑/　唐　涛
装帧设计/　人马艺术设计·储平
内文制作/　王春雪
出　　版/　**文汇**出版社
　　　　　　上海市威海路 755 号
　　　　　　（邮政编码 200041）
发　　行/　新经典发行有限公司
电　　话/　010-68423599　邮　箱/ editor@readinglife.com
印刷装订/　山东韵杰文化科技有限公司
版　　次/　2022 年 4 月第 1 版
印　　次/　2022 年 4 月第 1 次印刷
开　　本/　850×1168　1/32
印　　张/　6.5
字　　数/　100 千

ISBN 978-7-5496-3552-8
定　　价/　49.00 元

敬启读者，如发现本书有印装质量问题，请与发行方联系。